VOCABULÁRIO DE ARISTÓTELES

VOCABULÁRIO DE ARISTÓTELES

Pierre Pellegrin
Coordenador de pesquisa do
Centre National de Recherche Scientifique

Tradução
CLAUDIA BERLINER

Revisão técnica
MARCOS FERREIRA DE PAULA

SÃO PAULO 2018

Esta obra foi publicada originalmente em francês com o título
LE VOCABULAIRE GREC D'ARISTOTE
por Les Éditions Ellipses
Copyright © Ellipses Éditions-Marketing, França
Copyright © 2010, Editora WMF Martins Fontes Ltda.,
São Paulo, para a presente edição.

1ª edição 2010
2ª tiragem 2018

Tradução
CLAUDIA BERLINER

Revisão técnica
Marcos Ferreira de Paula
Acompanhamento editorial
Luzia Aparecida dos Santos
Revisões gráficas
Maria Fernanda Alvares
Helena Guimarães Bittencourt
Edição de arte
Katia Harumi Terasaka
Produção gráfica
Geraldo Alves
Paginação
Moacir Katsumi Matsusaki

Dados Internacionais de Catalogação na Publicação (CIP)
(Câmara Brasileira do Livro, SP, Brasil)

Pellegrin, Pierre
  Vocabulário de Aristóteles / Pierre Pellegrin ; tradução
Claudia Berliner ; revisão técnica Marcos Ferreira de Paula. –
São Paulo : Editora WMF Martins Fontes, 2010. – (Coleção vo-
cabulário dos filósofos)

  Título original: Le vocabulaire grec d'Aristote
  ISBN 978-85-7827-317-0

  1. Aristóteles – Glossários, vocabulários, etc. 2. Aristóteles
– Linguagem I. Paula, Marcos Ferreira de. II. Título. III. Série.

10-06693   CDD-185

Índices para catálogo sistemático:
1. Vocabulários de Aristóteles : Filosofia   185

Todos os direitos desta edição reservados à
Editora WMF Martins Fontes Ltda.
Rua Prof. Laerte Ramos de Carvalho, 133 01325.030 São Paulo SP Brasil
Tel. (11) 3293.8150 Fax (11) 3101.1042
e-mail: info@wmfmartinsfontes.com.br http://www.wmfmartinsfontes.com.br

Quando se lê os textos de Aristóteles, sobretudo comparando-os com os diálogos platônicos, é notável a mudança na própria expressão. Tem-se a impressão de que Aristóteles introduziu o uso do que se poderia chamar uma linguagem técnica em filosofia. No entanto, duas correções devem ser feitas a essa observação. Em primeiro lugar, não se podem tirar conclusões sobre o modo como certos pré-socráticos se exprimiam, dado que não dispomos de textos no verdadeiro sentido do termo. Em segundo lugar, o *corpus* aristotélico, tal como chegou até nós, certamente não está constituído de textos que tenham sido escritos por Aristóteles na forma que têm atualmente. Sabe-se que manuscritos contendo as obras do estagirita foram editados no século I a.C. e que essa edição é que constitui a base das edições posteriores. Possivelmente, naquela ocasião, esses textos tenham sofrido transformações que editores modernos julgariam inaceitáveis. Não só os tratados foram "recolocados em ordem" para formar um todo que parecesse coerente para o editor, mas este último juntou passagens que, originalmente, estavam separadas, apagou contradições, providenciou transições. É igualmente provável que o tal editor, ou os editores – o principal dos quais se chamava Andrônico de Rodes –, tenha introduzido no texto materiais oriundos de discussões e de críticas, com suas respostas, que tinham se seguido às aulas proferidas por Aristóteles no Liceu. Em termos modernos, poderíamos considerar que o texto aristotélico que lemos hoje é, antes, o relatório de um seminário dado por Aristóteles do que uma obra redigida como é de praxe. Por outro lado, depoimentos antigos, como o de Cícero, dão conta de que Aristóteles tinha escrito diálogos ao modo platônico e exaltam suas qualidades literárias e estilísticas. Trata-se aí evidentemente de um "outro" Aristóteles, aquele que os intérpretes de hoje chamam de o "Aristóteles perdido". A tecnicidade de nosso texto aristotélico talvez seja, portanto, efeito de uma ilusão devida a essa reescrita posterior e à perda das obras "redigidas".

Ainda assim, pode-se dizer que existe um estilo aristotélico no modo de fazer as perguntas, de preparar o estudo dos temas, de construir uma argumentação. E a esse estilo, que, considerando-se o que foi dito acima, é mais estilo de pensamento que estilo propriamente dito, corresponde um vocabulário específico muito rico. Longe de ser exaustivo, este léxico dá apenas uma leve ideia dessa riqueza.

Acaso

Gr.: *Týkhe*/τύχη - Fr.: *Hasard*

* O acaso, palavra que traduz *týkhe*, é um subconjunto de uma noção mais ampla, o *autômaton*, que pode ser traduzido por "espontaneidade", sendo o acaso a forma especial de espontaneidade que se refere aos domínios concernidos pela atividade prática. A espontaneidade é considerada por Aristóteles uma causa, mas uma causa por acidente. De fato, espontaneidade e acaso resultam da intersecção de duas cadeias causais independentes: vou ao mercado conduzido por uma intenção; o homem que me deve faz o mesmo; nós nos encontramos por acaso.

** Sendo a natureza o lugar de manifestação da finalidade (cf. *Fim*), na qual os fenômenos se produzem "sempre ou a maior parte do tempo", tudo o que acontece espontaneamente não pode ser considerado natural. Aristóteles se opõe vigorosamente à ideia de um cosmos surgido ao acaso, como o dos atomistas.

*** Por isso, pode causar espanto que Aristóteles dedique três capítulos do livro II da *Física* ao estudo do acaso e da espontaneidade. Aristóteles dá do *autômaton* uma etimologia sem dúvida errada, mas que revela sua opinião: a palavra seria derivada do neutro do pronome pessoal *auto*, "o mesmo, ele mesmo", e do advérbio *maten*, que significa "em vão" e que Aristóteles usa muitas vezes na sua famosa expressão "a natureza não faz nada em vão". Os comentários de Aristóteles sobre a espontaneidade são, portanto, uma espécie de meditação sobre o desvio dos fins naturais. Constata-se que acontecimentos ou ações humanas, que têm seus fins próprios, produzem efeitos parasitas. O mesmo pode ser dito dos monstros, que são o produto de um desvio do curso da natureza, isto é, do desdobramento da forma. Isso ocorre sobretudo devido à resistência da matéria à informação durante a geração.

Física II, 4-6.

Acidente, por acidente
Gr.: Symbebekós/συμβεβηκός, katà symbebekós/κατὰ συμβεβηκός - Fr.: Accident, par accident

* O termo *symbebekós* é o particípio do verbo *symbaíno*, que significa "vir com". Um acidente é o que vem com uma substância, isto é, que pertence a uma substância ou que é dito de uma substância. Num primeiro sentido, o acidente não é ligado à substância de maneira essencial, e, então, "por acidente" se opõe a "por si" (*kath' hautó*): "denomina-se acidente o que pertence verdadeiramente a uma coisa, mas que não lhe pertence nem necessariamente nem a maior parte do tempo" (*Metafísica* Δ, 30, 1025a14). É por si o que não é afirmado de um outro sujeito além de si mesmo: "homem" não é afirmado de outra coisa, ao passo que "branco" é afirmado de homem.

** Essa distinção entre a substância e seus acidentes faz parte da estratégia antissofística de Aristóteles. Assim, um acidente pode desaparecer sem que a substância acabe (ao perder a brancura, o homem não perde a vida), nem tudo o que pode ser dito de um acidente pode ser dito da substância (ao passo que os sofistas diziam que, se Corisco é diferente de Sócrates e Sócrates é um homem, Corisco é diferente de um homem). A ligação causal entre a substância e o acidente é ela mesma acidental – Aristóteles fala de "causa por acidente": a picaretada é causa por acidente da descoberta do tesouro que não se estava procurando.

*** Mas há também um emprego mais forte de "acidente" em Aristóteles: são os "acidentes por si", ou seja, propriedades que são próprias por si à substância, mas que não fazem parte de sua essência. Ter a soma de seus ângulos igual a dois ângulos retos é próprio por si do triângulo, mas a definição do triângulo não é "uma figura cuja soma dos ângulos é igual a dois ângulos retos". A prática científica aristotélica consiste em grande medida na identificação desses acidentes por si, porque a ligação deles com seu sujeito é constante e pode, portanto, entrar num discurso científico. Por exemplo, se é próprio a todas as aves de rapina ter garras, essa proposição pode entrar num silogismo científico para estabelecer que determinado pássaro é uma ave de rapina.

Metafísica Δ, 30.

Alma

Gr.: *Psykhé*/ψυχή – Fr.: *Âme*

* Aristóteles muito certamente acreditou na imortalidade da alma ou, ao menos, de uma parte da alma. Parece até que escreveu na mocidade um diálogo, *Eudemo ou da alma*, que insistia tanto nessa imortalidade que, nele, Aristóteles apresentava a vida da alma encarnada em um corpo como um triste episódio que convinha tornar o mais breve possível. No entanto, longe de estar no centro dos escritos aristotélicos sobre a alma, a questão da imortalidade nem mesmo é abordada neles e é apenas evocada num comentário incidental. O tratado *Da alma* é, de fato, um tratado de biologia geral. Nele, a alma é definida como a forma do corpo vivo, assim como a visão é a forma do olho ou a "machadeza", a forma do machado. Alma e corpo formam, pois, uma substância única, a alma não poderia existir fora do corpo, mas não é qualquer corpo que serve de matéria para qualquer alma. O corpo tem de possuir qualidades, que chamaríamos de físico-químicas, que o tornem apto para levar a vida correspondente à sua alma.

** Há, portanto, vários tipos de alma correspondentes aos diversos tipos de ser vivo. Aristóteles distingue na alma três grandes capacidades, ou faculdades – que, infelizmente, chama por vezes de "partes" –, que marcam as etapas de um desenvolvimento da alma. Toda alma tem uma faculdade nutritiva. É a característica essencial, ou seja, a do ser vivo: todo ser vivo é capaz de assimilar certas substâncias exteriores. A faculdade nutritiva é também faculdade de reprodução, sendo a reprodução a outra característica definitória do ser vivo. De fato, a concepção aristotélica da fecundação faz do sêmen uma forma elaborada do alimento. Alguns seres vivos têm, além da faculdade nutritiva e reprodutiva, a faculdade sensitiva e discriminatória. São os animais. Enfim, entre os animais, alguns têm, além dessas duas faculdades, uma faculdade motora que faz que possam percorrer o espaço para satisfazer suas necessidades. À faculdade sensitiva da alma é que Aristóteles dedica os mais importantes desenvolvimentos. Para explicá-la, introduz duas distinções fundamentais. A primeira é entre sensíveis próprios e sensíveis comuns. O som é o sensível próprio da audição. Mas existem sensíveis que não são, ou não são só, apreendidos por um sentido. Posso ver o granulado de uma superfície e ver, assim, sua rugosidade, embora esta última sensação seja normalmente objeto do tato. Existem também sensíveis como o movimento, a figura, a grandeza, que Aristóteles chama de "sensíveis comuns". A segunda distinção é entre sensação correspondente a um objeto realmente existente e percepção de imagens produzidas pela própria mente. Essas imagens correspondem a uma faculdade que Aristóteles denomina *phantasía*, termo geralmente traduzido por "imaginação".

*** Aristóteles aborda o problema do pensamento depois do problema da percepção, mantendo o paralelismo entre as duas operações o máximo de tempo que consegue. O sentido e o sensível devem, de certo modo, tornar-se uma única e mesma coisa, assim como a mente e o inteligível. De qualquer modo, o pensamento é impossível sem imagens, e sem essa faculdade das imagens chamada *phantasía*, que se apoia na percepção sensível e só pode advir por meio da percepção sensível. No entanto, se cumpre ao intelecto ser o lugar das formas, ele terá de ter a capacidade de receber essas formas sem matéria. O intelecto tem uma dupla, e paradoxal, relação com a atualidade. Em primeiro lugar, é atualizado pelos inteligíveis que são em ato. Mas tem também a função de atualizar os inteligíveis envolvidos nas sensações e nas imagens. Pois os inteligíveis de Aristóteles não são Ideias à maneira platônica, que existem em ato "acima" do sensível. Daí a distinção que Aristóteles faz de um intelecto "paciente" ou passivo e um intelecto agente, fonte inesgotável de comentários e especulações nos séculos seguintes, notadamente entre os pensadores medievais.

Arte
Gr.: *Tékhne*/τέχνη - Fr.: *Art*

* A *tékhne* é uma forma de saber com várias características. Primeiro, ela só advém nas pessoas experientes, sendo a experiência definida sobretudo como o meio de escapar ao acaso. Isso porque experiência e *tékhne* são *saberes* verdadeiros, notadamente por serem capazes de prever seu resultado. Um dos exemplos preferidos de Aristóteles é o do verdadeiro médico, que cura em conformidade com seu prognóstico porque possui uma *tékhne*, ao contrário dos charlatães, que obtêm êxito por sorte. Aliás, é por meio de um exemplo médico que Aristóteles, no começo da *Metafísica*, ilustra a segunda característica da *tékhne*, a de ser a um só tempo universal e ideal ou, em suas palavras, "distinta das sensações comuns": a medicina é uma *tékhne* porque se revela apta a constituir juízos universais como este: "tal remédio cura tal doença que afeta tal temperamento". A *tékhne* é, portanto, capaz de explicar os procedimentos e seus resultados, passados e futuros, e não simplesmente de constatar conexões na natureza. Por fim, a *tékhne* pode ser transmitida por um ensino racional. É evidente que todas essas características estão interligadas.

** Perto do final do capítulo inaugural da *Metafísica*, Aristóteles estabelece uma distinção entre as *tékhnai*, e traça em grandes linhas uma história elíptica da descoberta delas, da qual se podem tirar vários elementos. No terreno das "necessidades da vida", nos diz Aristóteles, foi que as artes apareceram, mas não prevaleceram logo de início sobre a experiência e a rotina por sua eficácia. É provável que, se os humanos tivessem ficado confinados a uma lógica do útil, jamais teriam adotado, e talvez tampouco descoberto, qualquer *tékhne*. Acontece, porém, que os homens também são capazes de admirar o que constitui precisamente o próprio e a grandeza da *tékhne*, a saber, seu caráter científico – Aristóteles fala de "sabedoria" –, o que os levou a admirar os descobridores de *tékhnai*. Aristóteles fornece, assim, uma versão filosófica de um dos sentimentos comuns dos gregos, que com frequência divinizaram, ou heroizaram, os inventores de *tékhnai* bem como os fundadores de cidades. Mas essa história das descobertas das *tékhnai* tem um sentido: os homens tiveram acesso primeiro às artes relativas às "necessidades da vida", em seguida àquelas que visam à fruição – que compreendem, entre outras, o que chamamos as "belas-artes" – e, por fim, depois dessas *tékhnai* aparecem saberes como a matemática, que não visam nem à utilidade nem ao prazer, mas apenas à especulação intelectual desinteressada e que Aristóteles denomina "ciências" (*epistémaî*). Portanto, na análise aristotélica, a *tékhne* é o meio – ou um dos meios – de autorrealização da natureza racional da humanidade.

*** A oposição filosoficamente mais fecunda concernente à arte é aquela que a compara à natureza. A natureza mantém unido o que a arte separa. Nos seres naturais, não existe distinção entre o objeto e o artista. Mais exatamente, nos seres naturais, as causas motora, formal e final chegam a coincidir. Por isso, ainda que se sirva de comparações técnicas para compreender os processos naturais, é mesmo à natureza que Aristóteles atribui a posição fundamental. Donde sua famosa formulação segundo a qual "a arte imita a natureza" (*Física* II, 2, 194a21).

Metafísica A, 1; *Física* II, 1.

Ato

Gr.: *Enérgeia*/ἐνέργεια, *entelékheia*/ἐντελέχεια – Fr.: *Acte*

* A noção de ato é inseparável da noção de potência. O ato é considerado de dois pontos de vista diferentes. Primeiramente, o ato é uma atividade de atualização de alguma coisa – substância ou propriedade – que passa de um estado potencial a um estado atual. Aristóteles fala então de *enérgeia*. Quando o estado de plena atualidade é alcançado, ele fala de *entelékheia*, muitas vezes traduzido pelo decalque francês *entéléchie* [enteléquia]. É digno de nota que, no texto que se propõe mais explicitamente a tratar do ato (*Metafísica* Θ, 6), este seja definido em relação à potência: denominamos cientista em potência aquele que não exerce sua ciência embora tenha a possibilidade de fazê-lo, "do outro lado, há o ato" (1048a34). Também no livro da *Metafísica* há um capítulo dedicado à potência, mas nenhum trata do ato.

** O ato e a atualidade têm graus. Para começar, a potência, quando não é efetivamente exercida, não pode ser considerada verdadeiramente atualizada. Por isso Aristóteles diferencia o cientista que exerce sua ciência daquele que não o faz, quando, por exemplo, está dormindo. Por outro lado, Aristóteles distingue o ato propriamente dito do movimento que conduz ao fim. "Todo movimento é imperfeito: o emagrecimento, o estudo, o andar, a construção (...). De fato, não se pode andar e ter andado, construir e ter construído" (*Metafísica* Θ, 6, 1048b29). Na atualidade verdadeira, o fim é o próprio exercício do ato: pode-se ter sido feliz e continuar feliz, ter vivido e continuar a viver. Portanto, é fácil entender por que, se a potência está do lado do substrato, ou seja, da matéria, o ato se realiza na forma, na quididade, na essência, na substância.

*** Por isso, uma das doutrinas mais bem estabelecidas de Aristóteles é a da anterioridade do ato em relação à potência: se Hermes está em potência no mármore, tem de estar primeiro em ato na ideia que o escultor tem dele; se a criança está em potência no sêmen de seu pai, tem de existir primeiro um gerador em ato. Essa é uma das respostas de Aristóteles à crítica parmenidiana que tornava o movimento e o devir impossíveis. Um processo de constituição de uma realidade não conseguiria produzir sozinho essa realidade. A forma cósmica e suprema da anterioridade do ato em relação à potência pode ser vista na doutrina aristotélica do "primeiro motor imóvel", que, enquanto origem de toda mudança, não comporta nenhuma potência, ou seja, é ato puro.

Metafísica Δ, 12; Θ, 1-9.

Bem

Gr.: *Agathón*/ἀγαθόν - Fr.: *Bien*

* Desde o começo da *Ética nicomaqueia*, percebe-se que o pensamento ético de Aristóteles se constitui, em reação ao de Platão, numa contestação da existência de um Bem único, causa de todos os bens particulares. Contudo, Aristóteles concebe a existência de um bem acima de todos os outros, na medida em que os outros a ele são subordinados. Essa hierarquia dos bens corresponde à hierarquia das artes. Assim, o bem do estrategista é subordinado ao bem do político, pois faz-se a guerra visando ao bom governo da cidade, ao passo que não se governa visando fazer a guerra, exceto numa cidade desencaminhada. Há, portanto, um bem supremo, que se basta a si próprio e que, diz Aristóteles, é "a felicidade" (*eudaimonía*).

** Porém, todo bem se define com relação a uma "obra" (*érgon*): o bem da medicina com relação à cura dos pacientes... A felicidade, bem supremo para os homens, define-se, pois, pela obra própria do homem, ou seja, aquela que o caracteriza absolutamente. Esse é o estado do homem virtuoso (cf. *Virtude*), que só pode atingir o estado de plenitude representado pela felicidade realizando sua natureza, que é a de um "animal político" (cf. *Cidade*). Os bens externos, como a boa saúde, a fortuna etc., bem como os bens do corpo, como o prazer, são úteis complementos para a felicidade, mas não constituem sua essência, ao contrário do que a maioria das pessoas pensa.

*** Desde a Antiguidade, uma querela dividiu os intérpretes de Aristóteles sobre a questão de saber se a felicidade humana consistia na vida prática, isto é, na excelência ético-política, ou na vida contemplativa ou vida "teorética". Esta parece possuir as características da excelência: ela concerne à nossa parte mais elevada, o intelecto (*noûs*), ela exige a menor quantidade de bens exteriores, ela nos assimila ao que há de mais divino no universo, o primeiro motor imóvel. No livro VII das *Políticas* (capítulo 3), Aristóteles procura reconciliar as duas "vidas", ativa e contemplativa, dizendo que esta última não vem necessariamente acompanhada de inatividade. Mas essa resposta não dirime completamente a questão.

Ética nicomaqueia I.

Categoria

Gr.: *Kategoría/κατηγορία* – Fr.: *Catégorie*

* O ser decerto é a realidade mais universal, porque pode ser atribuído a qualquer realidade, mas não é um gênero que poderia ser dividido em espécies. Aristóteles propõe como gêneros supremos termos que podem ser afirmados sobre as diferentes realidades, sem poder ser subsumidos numa atribuição mais elevada. As Categorias são, portanto, as formas últimas da atribuição. *Kategorein ti kata tinos* significa "atribuir alguma coisa a alguma coisa". No juízo "o homem é branco", "homem" entra, em última instância, na categoria da substância, ao passo que "branco" entra na de qualidade. A lista geralmente reconhecida das categorias compreende dez, mas Aristóteles não estabeleceu em lugar algum que este era um número fixo e definitivo. São elas: a substância (homem), a quantidade (de dois côvados), a qualidade (branco), a relação (dupla), o lugar (no Liceu), o tempo (ontem), a posição (sentado), a posse (estar com suas vestes), a ação (corta), a paixão (é cortado).

** Afirmou-se que a tabela aristotélica das categorias era uma espécie de reflexão sobre a gramática grega. Friedrich Trendelenburg considerava que as quatro primeiras categorias (substância, quantidade, qualidade, relação) correspondiam aos nomes e aos adjetivos, as quatro últimas (posição, posse, ação, paixão) aos verbos, as duas intermediárias (lugar e tempo) aos advérbios. Tomás de Aquino, ao contrário, acha que as categorias são gêneros de ser. Em todo caso, é tentador considerar que as categorias são a intersecção entre uma análise lógica do discurso e uma decomposição ontológica da realidade em seus componentes elementares, entre outras razões porque um pensamento como o de Aristóteles – que por esse motivo é dito "realista" – não pode separar as formas de significação nem dos gêneros do ser, nem dos tipos de objeto do conhecimento.

Nesse sentido, a substância se opõe a todas as outras categorias, pois estas são atributos ou afecções daquela.

*** A doutrina das categorias é fundamental no pensamento de Aristóteles, o que torna ainda mais lamentável o fato de não dispormos de nenhuma informação sobre o modo como ela foi elaborada. Aristóteles sempre a considera como dada. Por meio dela, é possível responder às críticas das outras filosofias. É o que ocorre com os eleatas: o começo da *Física* (I, 2-3) explica que, se eles desembocaram na ideia de que o ser tem de ser uno e se foram levados a recusar a mudança em nome dessa unicidade, é porque não tinham entendido que o ente "pode ser dito de várias formas". Assim também com os sofistas, que puseram todas as categorias no mesmo plano (cf. *Acidente*).

Causa

Gr.: Aitía/αἰτία, aition/αἴτιον – Fr.: *Cause*

* O substantivo *aitía* e o adjetivo neutro substantivado *aítion* vêm do adjetivo *aítios*, que, em grego, e sobretudo na linguagem jurídica, significa "responsável por" ou mesmo "culpado de". A etiologia aristotélica é, portanto, a procura do que é responsável por uma coisa, uma propriedade, um estado de fato etc. O conhecimento da causa é uma das características fundamentais da ciência: ter um saber científico de um objeto é conhecer sua causa. Mais precisamente, no silogismo científico que, na sua conclusão, dá o conhecimento científico da coisa, o termo médio deve ser a causa dessa coisa. Tomemos por exemplo o silogismo: todo corpo celeste que sofre uma interposição da terra entre ele e o sol fica eclipsado, a lua sofre esse tipo de interposição, portanto a lua é eclipsada; o termo médio (sofrer uma interposição) é a causa do fenômeno estudado, a saber, o eclipse da lua.

** Mas o que melhor caracteriza a etiologia aristotélica é que ela é plural: a causa pode ser dita de várias formas, mais exatamente de quatro formas. É a famosa teoria das quatro causas. É causa – responsável – de uma coisa aquilo de que essa coisa é feita, por exemplo, o bronze é causa da estátua: é o que a tradição chama de "causa material". É também causa a essência da coisa, por exemplo, a relação numérica entre 2 e 1 é causa da oitava; essa causa, que tem um parentesco com as Ideias platônicas, é chamada de "causa formal" pela tradição. "Aquilo a partir do que há princípio de mudança ou de repouso", segundo a expressão várias vezes repetida por Aristóteles, é o que denominamos a "causa motora (ou eficiente)": o legislador é, assim, a causa da lei ou do decreto. A partir dos estoicos, a causalidade eficiente será a causalidade por excelência, posição que irá durar até a época moderna. Por fim, a "causa final" é o fim (*télos*) ou aquilo "em vista de quê": a saúde é a causa do passeio, porque, quando se pergunta a alguém por que está passeando, ele responde que é para adquirir ou conservar a saúde.

As quatro causas podem se relacionar entre si de diversas maneiras. Do mesmo objeto, há várias causas: da estátua, o bronze e o estatuário são causas, mas aquele como causa material, este como causa motora. Pode haver reciprocidade: o exercício é causa motora da saúde, a saúde é causa final do exercício. Aristóteles acrescenta, assim, esta observação desconcertante: "a mesma coisa é por vezes causa dos contrários", sendo o exemplo que "o piloto é, por sua presença, causa da salvaguarda do navio, ao passo que, por sua ausência, é causa de sua perda" (*Física* II, 3, 195a11). Certas causas são anteriores a outras na cadeia causal: se a relação entre 2 e 1 é causa (formal) da oitava, o número também é causa, mas causa anterior. Aristóteles distingue também as causas por si das causas por acidente: é por acidente que Policleto é causa da estátua, ao passo que "estatuário" é causa por si, dado ser acidental que o estatuário seja Policleto.

Para Aristóteles, a descoberta das quatro causas marca o ponto culminante da história da filosofia e, segundo ele, eram as quatro causas aristotélicas que os antigos buscavam de forma mais ou menos consciente. Essa descoberta progressiva das quatro causas é apresentada num quadro surpreendente no primeiro livro da *Metafísica*.

*** Dois aspectos particularmente importantes da etiologia aristotélica devem ser sublinhados. Em primeiro lugar, as causas têm vocação de se fundir. Por isso, é muito raro que Aristóteles dê as quatro causas de um mesmo objeto e, quando o faz, não é sem restrições: "Qual é a causa material do homem? Não seria o fluxo menstrual? Qual é a causa motora? Não seria o esperma? Qual é a causa como forma? O ser essencial do homem. O que é aquilo em vista de quê? O fim. Mas certamente essas duas últimas causas são uma mesma" (*Metafísica* H, 4, 1044a34). Em geral, as causas formal e final se fundem, porque, na natureza finalizada de Aristóteles, a essência de algo é sua função, por exemplo, a causa formal do pulmão o torna apto a esfriar o organismo. Mas a essência também pode se exprimir nas causas motora ou material. Assim, a essência do eclipse é sua causa motora, a interposição da terra, a essência do sono é seu substrato – a região em torno do coração – em certo estado, a saber, "captada" por ocasião da digestão. Pode acontecer de mais de duas causas convergirem, ao menos de certo ponto de vista. A *Física* (II, 7, 198a24) dá o seguinte exemplo: a essência e aquilo em vista de quê são uma mesma coisa, e o ponto de partida do movimento é especificamente idêntico a eles, "de fato, é um homem que gera um homem", o que quer dizer que a causa final da geração – a criança – é idêntica à causa motora, seu pai – ou melhor, o sêmen de seu pai –, não numa identidade numérica, mas numa identidade específica.

Por outro lado, as causas são desiguais em "dignidade", e isso de várias maneiras. Primeiramente, as explicações pelas causas formal e final estão "acima" daquelas fornecidas pelas causas motora e material. Esse finalismo, já parcialmente presente em Platão, distingue Aristóteles da tradição pré-socrática dita "mecanicista": assim como o Sócrates do *Fédon* achava que o fato de ele ter decidido não escapar de sua condenação era mais explicativo de sua presença na prisão do que o fato de seus ossos e tendões estarem no presente em determinado local, também Aristóteles pensa que se deve explicar a casa mais por sua função de abrigo que por sua composição de tijolos e madeira. Mas as causas material e motora também podem ocupar um lugar fundamental na explicação e representar o que

Aristóteles chama de "o porquê último" (*Física* II, 7, 198a16). Vimos isso no caso do eclipse e do sono.

Física II, 3.

Cidade

Gr.: *Pólis*/πόλις – Fr.: *Cité*

* A cidade é a forma suprema das sociedades humanas naturais. Do ponto de vista "material", ela é formada de povoados, eles mesmos constituídos de famílias. A família, que é uma realidade mais de linhagem do que familiar no sentido moderno do termo – ela é dirigida por um chefe que é a um só tempo esposo, pai e senhor de escravos –, satisfaz as "necessidades de todos os dias", fundadas todas elas em duas necessidades naturais fundamentais: a reprodução – necessidade descrita como "uma tendência natural a deixar depois de si alguém semelhante a si" – e a "salvaguarda". Essa esfera "econômica", no sentido etimológico do termo – *oikonomikós*, que vem de *oikía*, a família, significa "relacionado com a administração familiar" –, não representa por si só a totalidade das tendências da natureza humana. Há, de fato, entre os homens, uma tendência à realização completa de sua humanidade atingindo um estado de plenitude que Aristóteles, como muitos outros, chama de felicidade (*eudaimonía*) ou "bem viver" (*eû zên*) (cf. *Bem*).

** A esse respeito, Aristóteles adota uma posição que faz dele o primeiro, e sem dúvida o último, verdadeiro pensador do político: os homens só podem obter esse bem viver no âmbito de uma cidade bem governada. De fato, o homem não é somente um ser de necessidades. Ele é, diz Aristóteles, "um animal político por natureza" (*Políticas* I, 2, 1253a2). Por isso a cidade, que possibilita a realização completa da humanidade dos homens, é *o fim* de todas as outras associações humanas. Fim que só se torna consciente dele próprio depois de sua realização: Aristóteles nos mostra homens edificando uma cidade com o único desejo de satisfazer melhor suas necessidades ("para viver" 1252b29), que, de quebra, se veem introduzidas na esfera da felicidade. A felicidade vem do exercício de uma virtude especial, a virtude política, que só pode ser efetuada na vida comum de cidadãos iguais – mesmo que comandem e obedeçam alternadamente – no âmbito de instituições políticas.

Mas nem todos os homens realizam sua natureza política. Somente os gregos têm esse privilégio, os outros ficam num estágio anterior do desenvolvimento humano. Aristóteles descreve isso em termos de menor desenvolvimento ético: os bárbaros, assim como as mulheres e as crianças, não dispõem da excelência das capacidades de deliberar e de decidir. O fundamento último do que soa para nós como uma teoria de tom racista é geográfico. No livro VII das *Políticas*, e de acordo, nisso, com ideias que podemos encontrar em Platão e Hipócrates, Aristóteles explica que o clima explica, em última instância, as disposições éticas dos indivíduos. Os orientais, por viverem num clima quente, são intelectualmente sutis mas covardes e, portanto, feitos para a escravidão; os ocidentais são corajosos mas estúpidos. Somente os gregos têm a inteligência combinada com coragem que os predispõem para a cidadania.

São as leis que, quando boas, desenvolvem a virtude no corpo dos cidadãos. Ora, as leis só serão boas se a constituição for reta. De fato, as leis dependem da constituição, e não o contrário: determinada lei – que, por exemplo, instaura uma partilha equitativa dos bens – será boa em um regime popular e ruim em um regime aristocrático. Ora, a mesma forma de constituição não é boa para todos os povos. Segundo o grau de desenvolvimento da virtude no corpo cívico, haverá apenas uma constituição conveniente para a cidade. Num povo em que somente uma minoria é virtuosa, é justo conceder-lhe o poder e seria injusto obrigá-la a compartilhá-lo com a massa dos cidadãos de virtude insuficientemente desenvolvida. O estado histórico desse povo exige que o faça viver em uma aristocracia. Por esse motivo, todas as instituições, políticas e jurídicas, deverão se adaptar a esse regime. Logo, nessa situação, seria *injusto* confiar o poder político a uma assembleia de todos os cidadãos. Existem, portanto, constituições retas e constituições transviadas. Nas primeiras, o grupo dirigente governa pelo benefício comum, ou seja, visando desenvolver a virtude nos cidadãos. Nas constituições transviadas, os dirigentes governam em proveito próprio. Existem três grandes gêneros de cada tipo, mas múltiplas espécies de cada gênero. Quando um único homem – ou uma única linhagem – é virtuoso, tem-se uma realeza, cuja forma transviada é a tirania; quando uma minoria é virtuosa, tem-se uma aristocracia, cuja forma transviada é a oligarquia, que, na verdade, é uma plutocracia; quando uma maioria dos cidadãos é virtuosa, tem-se um governo constitucional – tradução do termo *politeía*, que é também a palavra que significa "constituição" –, cujo desvio é a democracia, ou seja, uma demagogia.

*** Cabe, portanto, ao legislador adaptar a legislação às condições em que se encontra um povo num momento dado. Devido a isso, as relações do filósofo com o homem político e com a política como um todo veem-se profundamente modificadas em relação a como eram em Platão. Como teórico da ética e da sociedade humana, o papel do filósofo será formar o legislador. Este último poderá então realizar a cidade virtuosa, seja fundando-a peça por peça, seja retificando seu funcionamento. A política é, portanto, a ciência suprema na ordem prática. Ora, a política é, essencialmente, a ciência das constituições e, mais precisamente, da constituição reta em condições dadas. Esse aspecto aparece claramente na famosa tese aristotélica segundo a qual as leis dependem da constituição, e não o contrário. Logo, a própria virtude ética depende da constituição. De fato, as leis que fundamentam os bons hábitos, nos quais se enraízam as virtudes, dependem da constituição, o mesmo homem não será corajoso, justo etc., em todas as cidades.

Ciência

Gr.: *Epistéme*/ἐπιστήμη – Fr.: *Science*

* Aristóteles emprega com frequência, como os outros filósofos e cientistas gregos, os termos *epistéme* e *tékhne* ("arte") como sinônimos. Contudo, a ciência não tem por finalidade a produção, exceto no caso das "ciências poiéticas", expressão bastante rara em Aristóteles, de que trataremos abaixo. A ciência se distingue também da percepção e da experiência, na medida em que se move na esfera do universal.

** A ciência aristotélica pode ser descrita de dois pontos de vista. Uma ciência é, em primeiro lugar, um corpo de conhecimentos que possuem certas propriedades e uma certa estrutura. O conhecimento científico se distingue dos outros tipos de conhecimento por dois aspectos: é demonstrativo e fornece a causa das coisas que conhece (cf. *Demonstração, Silogismo*). Uma ciência é, portanto, um sistema dedutivo de proposições que repousam sobre princípios indemonstrados, que exibe as causas de seus objetos de estudo, os quais pertencem a um mesmo gênero. Um dos fundamentos da epistemologia aristotélica é que há uma ciência por gênero, e que uma ciência não poderia se ocupar dos objetos pertencentes a um outro gênero. O biólogo não tem nada a dizer sobre os objetos da geometria. Duas ciências podem ter relações de subordinação se uma tiver princípios mais gerais que a outra na mesma ordem; assim, a geometria é mais geral que a ótica. Mas somente a dialética pode comparar os princípios das ciências que diferem pelo gênero. Por outro lado, a ciência é também um estado habitual do sujeito cognoscente (cf. *Virtude*). Será esse o aspecto que a tradição ulterior desenvolverá, notadamente os estoicos, que descreverão a ciência como a alma do sábio disposta de certa maneira. Nesse sentido, a ciência é uma das virtudes intelectuais. Desse ponto de vista, a ciência pode ser em ato ou em potência, e isso de duas maneiras. O ignorante é cientista em potência porque é suscetível de aprender. Mas o cientista que não exerce sua ciência também a possui em potência (cf. *Ato*).

A outra característica fundamental da ciência é que ela é transmissível por ensino, pelo fato de que um discurso racional é suscetível não só de ser compreendido por todo ser racional, mas também porque deve convencê-lo.

Aristóteles distingue três tipos de ciência (cf. *Metafísica* E, 1). As ciências teoréticas – isto é, contemplativas –, cujo objeto deve ser necessário e eterno. São elas que satisfazem mais completamente as condições da ciência. Aristóteles distingue três grandes ciências teoréticas, cada uma das quais pode ser subdividida: a matemática, a física e a teologia. Quanto às "ciências práticas, elas tratam do que concerne às ações humanas; são elas a ética, o econômico e a política, que é, na ordem prática, a ciência suprema (cf. *Cidade*). As "ciências poiéticas" são, na verdade, artes.

*** Para Aristóteles, contudo, a ciência não é a manifestação mais elevada da racionalidade inteligente. Existe um certo número de procedimentos imediatos que ganham da ciência em penetração e em exatidão. O deus não tem ciência porque não precisa desenvolver raciocínios no tempo para conhecer o que conhece, ou seja, ele mesmo. Uma apreensão intuitiva imediata, em todos os sentidos do termo, lhe basta. Por outro lado, a ciência supõe a percepção (cf. *Alma*) e portanto o corpo. A ciência, por mais admirável que seja, é portanto humana. Talvez, em certas experiências em que se aproximam do sobre-humano, os homens possam prescindir do desvio raciocinante da ciência. É o caso do entusiasmo, dos sonhos e da intuição do divino.

Contínuo
Gr.: *Synekhés*/συνεχής - Fr.: *Continu*

* Aristóteles distingue diversas modalidades, mais ou menos "fortes", segundo as quais duas coisas estão unidas. Duas ou mais coisas são sucessivas (*ephexês*) quando não têm entre si coisas do mesmo gênero que elas. Casas idênticas numa rua, mesmo que estejam separadas por jardins, ruas etc., serão ditas sucessivas. São contíguas (*ekhomenon*) as coisas sucessivas que, além disso, estão em contato entre si. Duas coisas são contínuas quando a extremidade pela qual estão em contato é uma e a mesma (*Física* V, 3).

** Aristóteles propôs uma teoria geral do contínuo muito original, graças à qual pretendeu resolver as dificuldades que os eleatas levantaram a respeito do movimento, dificuldades que os atomistas não tinham resolvido. Para Aristóteles, o tempo, a mudança e aquilo sobre o que a mudança ocorre são todos contínuos. Isso quer dizer que eles são indefinidamente divisíveis e que essas divisões ocorrem segundo indivisíveis: o tempo é dividido segundo o instante, o comprimento segundo o ponto, a mudança segundo uma unidade de mudança que, no caso do movimento (*kínesis*), Aristóteles chama de *kinema*. No entanto, o contínuo não é composto de indivisíveis, ao contrário do que pensavam os atomistas, caindo por isso na aporia da regressão ao infinito: por que o átomo não é divisível se suas dimensões não são nulas e, se o componente tem dimensões nulas, a adição indefinida de componentes de dimensões nulas nunca dará um corpo contínuo?

*** Essa concepção do contínuo faz que, para Aristóteles, seja possível atribuir um fim a um movimento, que se produz no instante indivisível em que o movimento é "cortado", mas não seja possível lhe atribuir um instante de partida, pois sempre haverá, no tempo e na trajetória contínuos do movimento, um ·instante e um ponto anteriores àqueles que se tiver escolhido como instante e ponto primeiros do movimento. Em contraposição, o repouso ou o movimento que precederam o movimento considerado têm um fim instantâneo, mas não têm começo. A continuidade fundamental, no nível cósmico, é a do movimento uniforme, eterno e circular do primeiro céu produzido pelo primeiro motor imóvel.

Física V, VI.

Definição

Gr.: Horismós/ὁρισμός – Fr.: *Définition*

* A definição é, para Aristóteles, uma espécie de princípio. Portanto, para deduzir as propriedades essenciais e necessárias (cf. *Acidente*) dos objetos que estuda, a ciência se apoia, entre outras coisas, em definições.

** Existem, em Aristóteles, vários tipos de definição. O primeiro é o da definição puramente nominal, "por exemplo, o que significa o termo 'triângulo'" (*Segundos analíticos* II, 10, 93b30); filosoficamente falando, esse tipo não é muito interessante. Os outros tipos, cujo número exato é discutido pelos comentadores, têm um alcance totalmente diferente: a definição é então uma espécie, e sem dúvida a principal espécie, de princípios da ciência, ao lado dos axiomas e dos postulados. A segunda "definição da definição" é "o discurso que mostra o porquê". Aqui, a definição se aproxima muito de uma demonstração – "como uma demonstração", diz Aristóteles, 94a1 –, na medida em que a demonstração mostra por que há um eclipse – porque a terra se interpõe entre a lua e o sol –, ao passo que a definição diz o que o eclipse é – "o desaparecimento da lua devido à interposição da terra". Mas existe um outro tipo de definição, que é a conclusão do silogismo que demonstra o que a coisa é; o silogismo é, por exemplo: a extinção do fogo provoca um ruído nas nuvens; o trovão é a extinção de um fogo nas nuvens; conclusão, que é também definição desse tipo: o trovão é um ruído nas nuvens. Há, por fim, uma espécie de definição que se aplica aos "imediatos"; há então formulação da essência sem demonstração. Trata-se da definição dos primeiros princípios das demonstrações.

*** De certo modo, a busca das definições é o principal ato da ciência aristotélica. Em um mundo composto de substâncias ontologicamente autônomas, a definição exibe a essência do definido, que, coincidentemente, é também sua causa principal, o "porquê último".

Segundos analíticos II, 10.

Dialética

Fr.: *Dialectique*

* Com Aristóteles, a dialética perde a dignidade que tinha adquirido em Platão. No começo dos *Tópicos*, o tratado que Aristóteles dedicou à dialética, embora ela não seja imediatamente nomeada, assim é definida: "um método que permitirá fazer silogismos a partir de opiniões aceitas sobre qualquer tema proposto, e também não dizer nada de contrário a uma afirmação que temos de defender" (I, 100a18). Assim se encontra definido o quadro formal da dialética: sobre um "problema" (*problema*) escolhido, dois protagonistas se enfrentam, geralmente diante de terceiros que poderão ser tomados como árbitros do debate. O defendente propõe uma tese, que o arguente procura refutar estabelecendo uma tese incompatível com aquela proposta pelo defendente. Se a tese inicial for positiva, Aristóteles diz que o arguente "refuta". Se a tese inicial for negativa, ele "estabelece". O meio de refutar e estabelecer é o silogismo válido, pois somente a erística utiliza raciocínios inválidos. O raciocínio erístico é um raciocínio sofístico que se limita à vitória num ponto particular, ao passo que a sofística pretende passar por uma "sabedoria". Mas as deduções silogísticas da dialética não se apoiam em premissas verdadeiras, como é o caso do silogismo científico, mas em opiniões notáveis porque compartilhadas por todo o mundo, ou pela totalidade ou maioria dos filósofos, ou porque são defendidas por um pequeno número de pensadores notáveis ou por um só deles. A dialética evitará, contudo, partir de premissas paradoxais.

** Os comentadores hesitaram sobre o *status* da dialética em Aristóteles. Uns viram nela uma disciplina de segunda categoria, até mesmo indigna do filósofo. Alguns textos do estagirita levam água para o moinho deles, como aquele que fala "dos dialéticos e dos sofistas que adotam a aparência da filosofia" (*Metafísica* Γ, 2, 1004b17). Nessa tradição é que Kant se insere, considerando a dialética uma lógica da aparência. Mas outros intérpretes entregaram-se a uma reavaliação da dialética, dando-lhe um lugar central no edifício epistemológico aristotélico. Apoiam-se, entre outros textos, no segundo capítulo do livro I dos *Tópicos*, que se pergunta para que serve a dialética. Aristóteles lhe designa três tarefas: o treinamento intelectual, as relações com o outro e os "conhecimentos de caráter filosófico", sendo esta última função assim explicada por Aristóteles: "quando formos capazes de desenvolver uma dificuldade argumentando a favor e contra, seremos mais capazes de discernir, em cada matéria, o verdadeiro do falso" (101a35). Depois, como se a tivesse esquecido, Aristóteles acrescenta uma quarta função da dialética, que é a de se ocupar dos primeiros princípios das ciências, devido ao fato de que uma ciência nada pode dizer sobre seus próprios princípios indemonstráveis, a partir dos quais ela demonstra seus teoremas, e de que a dialética tem uma função "examinadora". Logo, cumpre pôr à prova os princípios dessas ciências examinando suas ideias aceitas – por todos, por alguns etc. – a respeito desses princípios. É o que Aristóteles faz nas longas doxografias que precedem cada um de seus estudos. Essa função de exame dos princípios científicos confere à dialética um lugar acima das ciências particulares e lhe possibilita escapar do fechamento genérico peculiar de cada ciência. Não é a dialética, porém, que estabelece os princípios.

*** Esta última tradição exegética é que melhor parece dar conta dos textos. Dada a importância do estabelecimento dos princípios em um sistema dedutivo como o de Aristóteles (cf. *Silogismo*), e pelo fato de que seus princípios são estabelecidos – e sobretudo estabelecidos por indução (cf. *Princípio*) –, o exame dialético é indispensável. Com efeito, não dispomos, para estabelecer os princípios, de procedimento rigoroso comparável à dedução. O material sobre o qual devemos trabalhar é, portanto, o conjunto das opiniões correntes, mais ou menos bem fundamentadas, sobre os temas que nos ocupam. A confrontação dessas opiniões, sobretudo quando elas são diferentes, ou até incompatíveis entre si, possibilita uma triagem eficaz entre a verdade e o erro. Assim é que o livro B da *Metafísica* põe frente a frente posições diferentes, e muitas vezes igualmente sustentáveis, sobre os problemas fundamentais do saber científico. O exame dialético também pode adotar a forma do método aporemático. No sentido etimológico, a aporia é o que impede avançar ou progredir. O exame das dificuldades prévias a cada questão, tenham elas sido levantadas por outros filósofos ou decorram "naturalmente" da questão tratada, constitui uma etapa quase obrigatória da pesquisa aristotélica.

Tópicos I, 1.

Ética

Gr.: *Ethiké*/ἠθική – Fr.: *Éthique*

* Empregado como substantivo, esse termo é, na verdade, um adjetivo que subentende um substantivo, o qual significa algo como "doutrina" ou "disciplina". Deriva de *éthos*, que significa o caráter habitual, donde os costumes – o que faz da ética o equivalente etimológico do termo de origem latina "moral": uma "ciência dos costumes". Quanto ao termo *êthos*, que o grego arcaico não distinguia de *éthos*, ele significa "hábito", e é deste último vocábulo que Aristóteles faz derivar "ética". A virtude ética é, com efeito, um "estado" do sujeito, que é de certo modo a cristalização de bons hábitos, que se implantam tanto melhor no indivíduo quanto mais cedo ele os adquire na vida.

A ética, como parte da filosofia, é considerada por Aristóteles uma ciência prática – cujo resultado não é exterior ao agente – que, na ordem prática, está situada na dependência da política (cf. *Cidade*). Com efeito, são as leis justas que, em última instância, estabelecem os comportamentos corretos que dão os bons hábitos.

** A "atividade (*pragmateia*) ética", repete Aristóteles, não tem por finalidade o conhecimento (*theoría*, *Ética nicomaqueia* II, 2, 1103b26), pois o que queremos não é tanto saber o que é o bem, mas nos tornarmos bons. E, mais adiante (II, 3, 1105b13), Aristóteles zomba daqueles que "se refugiam no *lógos*" e acreditam, assim, "filosofar e ser sábios": são como aqueles que pretendem curar escutando discursos médicos sem aplicar os remédios. Logo, é preciso experiência para ser um bom ouvinte dos cursos de ética, e o jovem não está apto para eles.

Existe, no entanto, uma especulação ética propriamente teórica em Aristóteles que tem de se harmonizar com as declarações antiteóricas a que acabamos de aludir. Essa aparente contradição pode ser percebida no nível do texto: em II, 2, 1103b27, Aristóteles declara ser inútil perguntar o que é a virtude, ao passo que em II, 4, 1105b19, ele diz que a questão que se apresenta naquele momento de sua pesquisa é precisamente "o que é a virtude?". Com efeito, os discursos sobre a ética são imediatamente inúteis, visto que os virtuosos não necessitam deles e que eles são incapazes de fazer os viciosos mudarem. Com efeito, a virtude vem dos bons hábitos inculcados nos indivíduos por boas leis na cidade. Em contrapartida, os discursos teóricos sobre a ética são indispensáveis para aquele encarregado da formação moral dos cidadãos e de seus filhos, ou seja, afinal de contas, para o legislador (cf. *Cidade*).

*** O virtuoso decerto não tem de lutar contra tentações, pois encontra sua felicidade e seu prazer na virtude (cf. *Virtude, Prudência*). O virtuoso, isto é, o prudente, agirá, portanto, virtuosamente por definição, poder-se-ia dizer. O que não impede de ter de enfrentar situações concretas nas quais cumpre tomar um partido que seja o bom. Nesse ponto é que se capta a característica essencial do prudente, que é a faculdade de bem deliberar. A deliberação não incide sobre o objetivo final a atingir. O virtuoso não se pergunta sobre aquilo a que deve chegar – a felicidade – mais do que o médico se pergunta sobre o fim da medicina, que é curar os doentes. Deliberar é apreender os meios visando esse fim dado e pô-los imediatamente em prática. Na deliberação, o prudente articula regras gerais, que podem ser puramente teóricas e, como tais, frutos de uma pesquisa de "ética teórica" e das considerações de oportunidade. É o que vemos no que Aristóteles denomina o "silogismo da ação" (*Ética nicomaqueia* VI, 13, 1144a31; cf. *Movimento dos animais* 7, 701a7). Esse silogismo não é um silogismo científico nem mesmo um silogismo no verdadeiro sentido do termo, porque não é um conjunto de proposições, porque "a conclusão é a ação" (*Progressão dos animais* 7, 701a12): se sei que devo me cobrir – por razões de "teoria" médica – e sei que uma capa serve para cobrir; se tenho ideia da maneira como se fabricam capas, a "conclusão" será me pôr a tecer uma capa.

Fim

Gr.: *Télos*/τέλος – Fr.: *Fin*

* O finalismo foi um dos aspectos mais criticados do pensamento de Aristóteles. O cosmos aristotélico, e particularmente sua parte sublunar, está na verdade povoado em grande medida por seres dotados de fins naturais, entre os quais os seres vivos ocupam o primeiro lugar. Sem "defender" o finalismo aristotélico, o que seria carecer de senso histórico, podemos ao menos tentar mostrar sua sutileza. Aristóteles não é Bernardino de Saint-Pierre e não pensa que os lados dos melões existem visando a justa divisão nas refeições familiares. Pois, embora a natureza aristotélica seja "em vista de algo" e "realize sempre o melhor", Aristóteles nem por isso é providencialista.

É frequente Aristóteles empregar fórmulas antropomórficas para descrever a finalidade natural: "a natureza não faz nada em vão", "a natureza tirou proveito [da substância terrosa] para fins úteis" (*Partes dos animais* III, 2, 663b33), "a natureza se engenha para remediar o excesso de um elemento agregando a ele seu contrário" (II, 6, 652a31), "a natureza, como um bom dono de casa, tem o costume de não jogar fora nada que possa ser útil" (*Geração dos animais* II, 6, 744b16). Contudo, trata-se sem dúvida mais de um modo de dizer que de uma tomada de posição a favor de uma espécie de providencialismo antropocentrado. Mas é uma questão discutida. No mesmo sentido, em *Física* II, 8, 198b16, quando Aristóteles diz que "a chuva não cai para fazer o trigo crescer", os comentadores se dividem quanto a saber se ele enuncia essa tese em nome próprio ou se apenas reporta-se a uma tese dos pré-socráticos.

** Aristóteles costuma repetir que o que o separa de seus predecessores pré-socráticos, e no tocante a isso cita sobretudo os atomistas e Empédocles, é que, além das explicações que chamaríamos de "físico-químicas" dos fenômenos naturais, que são evidentemente válidas, cumpre buscar a razão última desses fenômenos no fato de eles terem uma causa final, porque, "entre as coisas naturais, há em vista de quê" (*Física* II, 8, 199a7). Para dar conta da articulação das explicações pela necessidade e pelo fim, Aristóteles recorreu à doutrina da "necessidade hipotética": assim como é necessário que a serra seja feita de metal se quisermos que cumpra sua função, também é necessário que determinado órgão possua determinada estrutura e determinadas propriedades para que possa cumprir sua função. Mas existem muitos fenômenos que ocorrem por pura e simples necessidade, servindo isso para um fim ou não.

*** O que se opõe de forma mais pertinente à finalidade na natureza é ao mesmo tempo o acidente e o acaso. De tal modo que, para Aristóteles, a finalidade parece ao mesmo tempo a consequência e a garantia da perfeição global do universo, que, a seu ver, não pode estar fundamentada nos encontros fortuitos de componentes elementares. A preeminência da causalidade final, afirmada por Aristóteles, com frequência fez os intérpretes perderem de vista que a causalidade "necessária" continuava a ser, por assim dizer, a causalidade básica. É o que se costuma ver nos tratados zoológicos: é a causalidade necessária que tem a última palavra, na medida em que a finalidade deve se adaptar a ela, ao passo que o inverso não é verdadeiro. Esse aspecto da prática etiológica do biólogo aristotélico está muito bem resumido pela declaração programática que Aristóteles faz em *Partes dos animais* III, 2, 663b22 sobre seu estudo dos chifres: "digamos como, dada a natureza necessária, a natureza segundo a essência tirou partido, em vista de um objetivo, do que existe por necessidade". Aristóteles estende-se em seguida particularmente sobre os chifres dos cervos, que, longe de lhes serem úteis, são um empecilho. Ora, os cervos, pela grande quantidade de matéria terrosa que contêm, têm de ter chifres. Quer isso seja útil aos cervos ou não, sendo seus chifres o que são, eles têm de cair periodicamente. Tanto melhor se a natureza final puder tirar um partido positivo desse fato. Se não, que ela ao menos tente tirar um partido negativo, o que é o caso aqui: a queda dos chifres diminui a desvantagem que a própria existência dos chifres provoca. No seu confronto com a necessidade, a finalidade mais sofre do que impõe.

Forma

Fr.: *Forme*

* Várias palavras empregadas por Aristóteles são traduzidas em francês por "forme" [forma]. O termo mais amplo para designar uma forma em grego parece ser *morphé*. Fundamentalmente, essa palavra designa o aspecto de uma coisa e, mais precisamente, seu aspecto belo, agradável, harmonioso, e se aplica em geral ao corpo humano. Quando se fala da *morphé* de algo, trata-se de uma afirmação concernente ao que essa coisa parece ser. Em Aristóteles, a palavra *morphé* tenderá, portanto, a ser empregada para designar uma coisa mais superficial do que o que é designado por *eîdos*, que é o principal termo para indicar a realidade formal. A forma como *eîdos* pretende revelar, por trás do que é visível, o que constitui a verdadeira natureza da coisa. Há aí uma inversão do sentido etimológico de *eîdos*, porque a palavra vem do verbo *eído* – que não existe no presente –, que significa "ver". O *eîdos* remete à estrutura racional de uma realidade e se opõe, portanto, à matéria. Por isso, a alma é o *eîdos* do ser vivo e não uma coisa que se agrega como componente à matéria do ser vivo. Aristóteles também emprega às vezes a palavra *lógos*, termo que significa originariamente "razão" e "relação", num sentido que obriga a traduzi-la por "forma". Essa estrutura inteligível é o que é expresso pela definição.

Em física, a forma é um dos três princípios primeiros, com a privação e a matéria. A mudança se faz em direção a uma forma a partir da ausência dessa forma (geração), ou em sentido inverso (corrupção).

** Que a forma seja natureza mais que matéria – ou "mais natureza que a matéria", conforme o modo como se compreenda a famosa passagem de *Física* II, 1, 193b6 – marca uma opção fundamental da filosofia de Aristóteles. É impossível fazer um grau superior de organização proceder de um grau inferior. Fazer vir todos os seres de uma matéria primeira sem princípio de organização prévio, como parecem ter pensado os milésios, é propriamente ininteligível para Aristóteles, e não só para Aristóteles.

*** Portanto, o *eîdos* chega a significar várias coisas, e essa pluralidade não é destituída de significado. Em primeiro lugar, é o princípio de organização de uma coisa que, unido à matéria específica da coisa, forma o "composto" que é aquilo a que Aristóteles atribui a realidade ontológica mais forte. Mas é também o correspondente ideal das coisas: são formas que estão no intelecto que conhece (cf. *Alma*). O *eîdos* é, enfim, as características próprias que são transmitidas na geração e que, como tais, estão presentes no esperma do pai.

Portanto, a forma vem representar a essência de uma realidade. Nos seres naturais, a forma coincide, pois, muitas vezes com o fim, que é a forma desenvolvida que o ser em questão deve alcançar para ser verdadeiramente ele mesmo (cf. *Causa*).

Gênero, espécie

Gr.: *Génos*/γένος, *eîdos*/εἶδος - Fr.: *Genre, espèce*

* A doutrina aristotélica das relações entre gênero e espécie funciona em vários níveis e em vários campos diferentes. Opondo-se nesse ponto a Platão, Aristóteles recusou a ideia de uma ciência de todas as coisas. A realidade se divide em regiões distintas, cada uma das quais é da alçada de um saber próprio: não se argumenta em ética com as mesmas ferramentas conceituais que em aritmética. Essas regiões são gêneros que, em princípio, são incomunicáveis. Cada um se divide em espécies, que, na concepção mais desenvolvida exposta por Aristóteles, são contrárias. Assim, o gênero cor compreende espécies que vão do preto ao branco, considerados por Aristóteles como contrários, pelo que se pode chamar uma deformação contínua. Por vezes, a passagem de uma espécie a outra do gênero se dá sem intermediário; assim, o gênero "estado do corpo" é limitado por duas espécies, a doença e a saúde, que passam diretamente de uma para a outra. De fato, ou se está doente ou se goza de boa saúde. A divisão gênero-espécie é decerto relativa, já que uma espécie pode servir de gênero para classes menores. Por outro lado, os gêneros não são absolutamente incomunicáveis, já que se pode às vezes passar de um para o outro por analogia, analogia que se estende às ciências próprias aos gêneros em questão. Pode-se, assim, passar da medicina à ética dizendo que a saúde está para a doença como a virtude para o vício. Num sentido um tanto extenso, Aristóteles chama as categorias de "gêneros supremos do ente" (cf. *Categoria*).

** Em biologia é que se esperaria encontrar um dos conjuntos mais importantes de usos do par gênero-espécie. Mas não é o que acontece. Por certo, Aristóteles divide os animais em classes mais ou menos importantes, sendo as classes maiores, chamadas "grandes gêneros", as dos sanguíneos e dos não sanguíneos. No entanto, ele não emprega, por assim dizer, o termo *eîdos* para designar o que denominamos uma espécie: serve-se do termo *génos*. Embora encontremos de fato divisão de *géne* em *eíde* nas obras biológicas, os gêneros em questão são constituídos por órgãos ou funções, que adotam formas diferentes, por exemplo, o gênero "órgãos de resfriamento" compreende pulmões e brânquias.

*** Onde acaba a divisão do gênero em espécies? A doutrina de Aristóteles, tal como costuma ser entendida, responde: na "espécie última", igualmente chamada "indivisível". Nesse ponto, coloca-se um dos mais temíveis problemas interpretativos do aristotelismo. De fato, uma das tendências fortes do pensamento de Aristóteles consiste, contra um certo platonismo, em conceder a prioridade ontológica aos indivíduos concretos, e não aos universais, o que Aristóteles denomina "o isto" (*tode ti*). Duas interpretações se opõem sobre o princípio dessa individuação. Na medida em que o que faz de uma realidade individual o que ela é – sua essência expressa em sua definição – é sua forma, alguns intérpretes consideram que essa forma é compartilhada por todos os membros da espécie última. Logo, o princípio de individuação, que possibilitaria passar dessa espécie última para os indivíduos, seria a matéria. Entre o homem – espécie que sem dúvida podemos definir de maneira mais apurada: o homem ateniense, branco etc. – e Sócrates, há a diferença da matéria própria de Sócrates que não é a de Corisco. Outros intérpretes contestam que a matéria possa desempenhar esse papel individualizante, porque ela é precisamente o que é indeterminado, e porque, para ir em direção a um a mais de determinação, cumpre ir em direção a um "a mais de forma". Talvez tenha sido por isso que Aristóteles inventou a obscura fórmula *tò tí ên eînai*, que os medievais traduziram por "quidditas" e que, independentemente de qual seja o sentido exato, designa uma espécie de essência da essência no sentido de uma caracterização essencial de um ser individual. A solução desse dilema talvez se encontre no próprio mecanismo do conhecimento humano. No final dos *Segundos analíticos* (II, 19, 100a16), Aristóteles lembra que "o que é objeto do sentir é o individual, mas a percepção incide sobre o universal, por exemplo, o homem e não o homem Callias". Percebo Callias como portador de uma forma, ou seja, de uma estrutura significante. A espécie última é, portanto, percebida nos próprios indivíduos.

Geração
Gr.: *Génesis*/γένεσις - Fr.: *Génération*

* A geração, com seu contrário, a corrupção (*phthorá*), constituem a mudança segundo a substância. Aristóteles emprega às vezes o termo *génesis*, geralmente acompanhado do pronome indefinido *tis*, para indicar "uma certa geração", por exemplo, a geração do branco a partir do preto ou de uma cor intermediária no processo de branqueamento. Trata-se aí, porém, de um emprego ligeiramente impróprio: o branqueamento deve, antes, ser descrito como uma alteração. A geração absoluta (*génesis aplôs*), em contraposição, é realmente uma mudança de não substância para substância.

** A geração absoluta não ocorre de um contrário a outro, como as outras mudanças – ou, mais exatamente, como os movimentos (cf. *Mudança*) –, porque a substância não admite contrário. Essa mudança ocorre, portanto, "segundo a contradição" (*Física* V, 1, 225a12). É certo que a geração absoluta não é geração *ex nihilo*, mas, no entanto, não se dá por atribuição de afecções diferentes a uma mesma matéria. Para essa mudança radical, é preciso haver uma matéria indeterminada que sirva de receptáculo. No tratado *Da geração e da corrupção*, Aristóteles constrói um quadro bastante preciso, onde se reapropria das doutrinas anteriores. No fim das contas, tudo é composto de quatro elementos – existe um quinto elemento de que são feitos os corpos celestes e que tem como propriedade ser animado de um movimento circular –: a terra, a água, o ar e o fogo. Cada um deles é composto de duas das quatro qualidades elementares – quente, frio, seco e úmido. Por exemplo, o fogo é quente e seco, a terra fria e seca... Logo, por troca de ao menos uma de suas qualidades constituintes, os elementos podem se transformar um no outro. Mas, evidentemente, a quantidade de matéria que compõe o universo permanece constante.

Quanto à geração dos seres vivos, e sobretudo dos animais, Aristóteles lhe dedica um tratado especial, a *Geração dos animais*, no qual explica que a reprodução sexuada consiste na transmissão de uma forma, que ele descreve em termos de sistema de movimentos que residem no esperma do macho. Quanto à fêmea, ela só contribui com uma matéria e, por isso, tem um papel passivo na geração. Se o embrião reproduz alguns traços da mãe, só pode ser porque a matéria manifesta uma capacidade de resistência à informação.

*** Para Aristóteles, a geração é certamente um sinal de imperfeição. Com efeito, geração e corrupção vão de par, e, no tratado *Do céu* (I, 10), Aristóteles refuta a concepção platônica exposta no *Timeu* – cujo texto Aristóteles toma ao pé da letra – de um universo engendrado e que depois persevera no ser para sempre. A geração é um dos meios que os seres sublunares têm de imitar a eternidade dos corpos celestes. Essa depreciação da geração também pode ser vista na oposição entre a anterioridade segundo a essência e a anterioridade segundo a geração. A essência tem uma anterioridade lógica e ontológica, ao passo que a geração dá uma prioridade cronológica aos estados ontologicamente menos perfeitos. De sorte que a geração pressupõe a preexistência da essência: segundo a famosa fórmula de Aristóteles, "o homem engendra o homem".

Infinito

Gr.: *Ápeiron*/ἄπειρον – Fr.: *Infini*

* Antes de Aristóteles, os pré-socráticos tinham recorrido, de diversas maneiras, à noção de infinito. Entre os milésios, que achavam que todas as coisas do universo eram modificações de um substrato corporal único como o ar ou a água, Anaximandro se recusara a identificar esse substrato a um dos corpos que se apresentam aos sentidos, e fizera dele uma certa substância indeterminada que considerava "infinita". Entre os pitagóricos, alguns faziam o universo nascer de dois princípios, o infinito ou o ilimitado (*ápeiron*) e o limite (*péras*), sendo que este último instituía a ordem do mundo circunscrevendo o primeiro. Outros filósofos tinham introduzido a ideia de um infinito em multidão. Para Anaxágoras, por exemplo, existia uma infinidade de substâncias corporais irredutíveis umas às outras e que estão misturadas de tal modo que cada parcela de cada uma contém todas as outras. Surge assim a ideia de que a matéria – termo introduzido apenas por Aristóteles – é divisível ao infinito. Dá-se o mesmo com os atomistas, para quem existe uma infinidade de átomos. Portanto, muitos filósofos tinham feito do infinito uma das bases de seu pensamento, mas seria inútil indagar se eles entendiam esse infinito em ato ou em potência, pois essa distinção só foi introduzida por Aristóteles.

** Aristóteles trata do problema do infinito em dois textos principais, um dos quais – *Física* III, 4-8 – é chamado "tratado do vácuo" pela tradição. Ali formula, primeiro, que o problema do infinito é um problema físico, embora também tenha um aspecto matemático, porque "o infinito pertence à quantidade". Trata-se, portanto, de saber se pode existir um corpo, um número, um tempo infinitos. Em *Física* III, 5, Aristóteles mostra que não pode existir um corpo infinito. O centro de sua argumentação é que os elementos que compõem o mundo se combatem mutuamente e que, se um dos elementos fosse infinito e os outros finitos, sua potência excederia a deles e ele os destruiria; se, por outro lado, vários elementos fossem infinitos, deveriam se interpenetrar. A hipótese de um corpo infinito distinto dos elementos, à maneira do infinito de Anaximandro, também é rejeitada por Aristóteles: ou bem esse corpo seria sensível e o perceberíamos, ou seria desprovido de qualidades sensíveis sem deixar de ser da natureza dos corpos, o que é absurdo. Além disso, a existência de um corpo infinito seria incompatível com a teoria aristotélica dos lugares naturais. Por outro lado, o tratado *Do céu* mostra que o universo tampouco pode ser infinito, porque não poderia ser movido por um movimento circular. Fora do mundo, não há infinito, e particularmente não há vazio infinito, porque não há nada.

No entanto, o infinito existe de uma certa maneira, qual seja, em potência, e isso num certo número de situações. Aristóteles precisa que o infinito em potência não é em potência no sentido em que a estátua é em potência no bronze, ou seja, com a possibilidade de passar da potência ao ato. O infinito em potência é "como o dia e a luta": enquanto durar o dia (ou a luta), ainda há dia (ou luta) por vir. Quando se divide uma grandeza, é sempre possível levar a divisão mais adiante. De sorte que o infinito encontra-se principalmente em três domínios: o das grandezas – que devem ser entendidas sobretudo como grandezas físicas e somente secundariamente como grandezas geométricas –, o dos números e o do tempo. Essa noção do infinito por divisão está estreitamente ligada à doutrina aristotélica do contínuo. Nas grandezas, o infinito em potência também é encontrado na adição, e isso "ao inverso" do infinito por divisão: na medida em que se pode prosseguir indefinidamente a divisão de uma grandeza A, pode-se indefinidamente acrescentar a uma outra grandeza B as partes que foram separadas de A. Assim, a grandeza B aumenta indefinidamente por adição. No entanto, ela não aumenta de tal modo que ultrapasse toda grandeza dada, pois a soma do que se acrescenta não pode ultrapassar A. Há nisso uma diferença notável entre o infinito por adição e o infinito por divisão, porque neste último caso acaba-se por ultrapassar em pequenez toda grandeza dada. Para que por adição se possa ultrapassar toda grandeza dada, seria preciso preexistir uma grandeza A infinita em ato. Embora o ponto de vista de Aristóteles seja essencialmente físico, vemos desenhar-se aqui o que os matemáticos chamarão de noção de série convergente. O mesmo se aplica aos números: que o infinito seja em potência no número não significa simplesmente que sempre se pode obter um número superior a um número dado acrescentando uma unidade, pois o ponto de vista de Aristóteles continua sendo fundamentalmente físico, e essa possibilidade não é fisicamente realizável, por exemplo fazendo aumentar indefinidamente o número de homens, pois o mundo é finito. Em contrapartida, o infinito em potência no tempo vai mais longe que nos casos precedentes: não só sempre houve tempo antes de um momento dado e haverá sempre tempo depois de um momento dado, como o "número do tempo" – isto é, o número dos dias, dos anos etc. – torna-se maior que todo número dado. Porém, fiel à sua doutrina segundo a qual o infinito não existe em ato, Aristóteles se recusa a admitir um tempo atualmente infinito. Por isso, os seres eternos que os corpos celestes são não estão contidos em nenhum tempo (*Física* IV, 12, 221b3).

*** Mesmo que o infinito continue essencialmente uma noção física, inserida na história da física e que presumidamente responde a dificuldades físicas, Aristóteles interessou-se, contudo, pelo papel do infinito em matemática. Aliás, no que concerne à divisão da grandeza, é difícil distinguir entre infinito físico e infinito matemático. Aristóteles sublinha que a inexistência de grandezas infinitas em ato não acaba com a matemática, porque os matemáticos não precisam dessas grandezas e se servem apenas de grandezas finitas tão grandes quanto eles quiserem. Quanto ao fato de não existirem grandezas físicas arbitrariamente grandes, é algo que não incomoda os matemáticos, pois, do ponto de vista da demonstração matemática, é pouco importante raciocinar sobre grandezas existentes ou não, apenas importam as proporções entre as grandezas.

Física III, 4-8, *Do céu* I, 5-7.

Lugar

Gr.: *Tópos*/τόπς – Fr.: *Lieu*

* O lugar de Aristóteles – *tópos* poderia muitas vezes ser traduzido por "espaço" – não é uma extensão neutra e homogênea. É lugar de certo corpo e, mais precisamente, "o limite do corpo envolvente no local onde ele toca o corpo envolvido" (*Física* IV, 4, 212a5). Aristóteles o compara com as paredes de um vaso que contém o objeto do qual ele é o lugar. Portanto, em cada momento de sua mudança, um corpo dado tem sempre um lugar. Aliás, cumpriria dizer "lugares", pois determinada coisa que está nesta casa está também em Atenas etc. Mas cada coisa tem seu "lugar próprio", que é aquele que a envolve como tal e envolve apenas ela.

** Logo, o espaço aristotélico não é de forma alguma a extensão cartesiana, e a ideia de uma extensão homogênea que seria a mesma para todos os seres fará uma tímida aparição no comentário à *Física* de Aristóteles por João Filopono no século VI. Essa não neutralidade do espaço aristotélico pode ser claramente vista na teoria dos "lugares naturais". Dado que o universo tem um centro e uma periferia, há um alto e um baixo. Aristóteles hesita entre dois sistemas de localização do alto e do baixo do universo. Ora ele considera que, sendo o universo esférico, o alto se situa na esfera exterior, ou seja, na esfera das fixas, e o baixo no centro da terra (cf. tratado *Do céu* IV, 1, 308a17). Ora determina um alto e um baixo únicos do universo (cf. tratado *Do céu* II, 2, 285a14: o alto do mundo é o polo sul). Cada elemento tem um lugar natural, o fogo vai naturalmente para o alto, a terra para baixo, a água e o ar para regiões intermediárias – Aristóteles não é muito explícito sobre esse ponto –, e todo movimento que leva um elemento, ou um corpo composto majoritariamente desse elemento, para seu lugar natural é um movimento natural. Todo movimento que o afasta de seu lugar natural é um movimento contranatural ou forçado.

*** A teoria do lugar está, portanto, de acordo com dois traços fundamentais da filosofia de Aristóteles. Por um lado, seu universo é essencialmente heterogêneo (cf. *Sub/supralunar*). Por outro, a realidade é, para Aristóteles, um conjunto de unidades ontologicamente autônomas, cuja autonomia é primeira no tocante às relações que elas mantêm entre si.

Notemos que Aristóteles também emprega, em dialética, a palavra *tópos* para designar um tipo de argumentação no qual entram vários raciocínios. Conservamos em francês a expressão *lieux communs* [lugares comuns].

Física IV, 1-5.

Matemática (as ciências matemáticas; os objetos dessas ciências, os "seres" ou as "coisas matemáticas", os fatos, objetos ou verdades matemáticas)

Gr.: *Hai mathematikai epistemai*/αἱ μαθηματικαὶ ἐπιστήμαι, *tá mathematiká*/τὰ μαθηματικά, *tá mathémata*/τά μαθήματα
– Fr.: *Mathématiques (les sciences mathématiques; les objets de ces sciences, les "êtres" ou les "choses mathématiques", les fait, objets ou vérités mathématiques)*

> * Todos esses termos estão vinculados à raiz do verbo *manthanô*, "aprender" (por si mesmo) e, por conseguinte, "compreender". As ciências matemáticas caracterizam-se, portanto, pela natureza de seus objetos, que são por excelência suscetíveis de serem "aprendidos" ou "compreendidos", e aos quais (diferentemente dos objetos empíricos) só se tem acesso por uma aprendizagem intelectual. As matemáticas gregas desenvolvem-se sob a forma de uma atividade autônoma nos séculos V e IV a.C.: é a época em que se obtém e se reúne de forma organizada uma importante massa de resultados e em que os matemáticos começam a fixar seu método, o de uma construção rigorosa e progressiva de resultados cada vez mais complexos a partir de elementos simples (ver *Metafísica* Δ, 3; 1014a37).

> ** Platão primeiro e depois os filósofos da Academia – entre os quais Aristóteles – refletiram sobre a especificidade desses conhecimentos, sobre suas condições de possibilidade e sobre

suas implicações filosóficas. Platão destaca o caráter *a priori* deles, em particular com a célebre interrogação do escravo em *Mênon* (82a-85e), e, no livro VII da *República* (522c - 531d), fornece uma descrição sistemática das diversas ciências matemáticas: aritmética, geometria, astronomia, acústica. Aristóteles retoma essa lista, à qual acrescenta a ótica e a mecânica (*Metafísica* M, 3, 1078a 14-17). A seu ver, as ciências matemáticas representam, ao lado da filosofia natural e da filosofia primeira, um dos três grandes domínios do saber teórico (*Metafísica* E, 1). Embora reconheça o parentesco entre essas ciências (que se deve sobretudo ao fato de que o objeto de todas elas provém da formulação de hipóteses, em vez de ser tirado da experiência como faz a física), sublinha várias vezes sua diversidade: destaca em particular uma distinção entre a aritmética e a geometria por um lado e, por outro, "as partes mais físicas da matemática" (*Física* II, 2, 194a 7-9). Enfim, parece que a epistemologia do livro I dos *Segundos analíticos* – a descrição normativa de uma ciência como um corpo organizado de saberes demonstrativos – deve muito ao modelo da ordem geométrica. Contudo, enquanto a física e a teologia fazem parte de pleno direito do projeto filosófico de Aristóteles, a seus olhos a matemática é assunto de especialistas (*Metafísica* Λ, 8, 1073b 1-17).

*** O principal problema filosófico que a matemática levanta é o do estatuto ontológico de seus objetos. Contra Platão e a antiga Academia, Aristóteles rejeita a concepção de números ou de grandezas geométricas que existem por si. Os termos gregos *khorizein*, *khorista*, que servem para caracterizar esses objetos e que são traduzidos por "separar" etc., são de difícil interpretação e dão lugar a uma célebre dificuldade na classificação das ciências teoréticas (cf. *Metafísica* E, 1, 1026a 13-15): podem significar "separados do sensível" (e pertencentes a uma outra ordem de realidade), ou "distintos" (existindo por si mesmos e não a título de propriedades de um outro objeto, como a forma circular pertence ao anel). De fato, as objeções de Aristóteles incidem sobre ambos os aspectos. A essa doutrina platônica, opõe a ideia, cuja exposição mais completa está em *Metafísica* M, 3, de que as ciências matemáticas tratam dos objetos ordinários, mas considerados sob uma certa descrição: o anel – ou, igualmente, a trajetória de um planeta, ou uma chaga de forma redonda (ver esse exemplo nos *Segundos analíticos* I, 13, 79a 14) –, considerado *como* círculo, por exemplo. Trata-se aí de uma operação intelectual que Aristóteles denomina "abstração" (*aphairesis*), o que não quer dizer que o objeto matemático se reduza a uma representação psicológica. O conhecimento matemático faz parte do conhecimento do real: faz aparecer um certo tipo de causas formais, aquelas ligadas a formas simples ou decomponíveis em formas simples.

Física II, 2, *Metafísica* M, 3.

Matéria

Gr.: *Hýle*/ὕλη – Fr.: *Matière*

* O termo *hýle*, que significa originalmente a madeira, cortada ou não, sobretudo aquela que serve para a construção, foi introduzido em filosofia por Aristóteles. A matéria é um dos três princípios primeiros da física: é a realidade subjacente que pode receber determinações contrárias, mais precisamente, a forma e a privação.

** A matéria é, portanto, concebida essencialmente como potência de receber determinações diferentes e mesmo contrárias. No bloco de mármore acham-se várias estátuas em potência. A própria matéria é composta dos elementos primeiros – fogo, ar, água e terra –, cada um dos quais se define por duas das qualidades fundamentais – quente, frio, seco e úmido. Mas os elementos não são matéria pura, porque cada um tem um aspecto formal que os torna conhecíveis. A "matéria-prima", que seria pura potência sem nenhuma determinação, é um conceito que se tornou necessário para a doutrina aristotélica da matéria, mas não se refere a nada real, pois a matéria-prima, enquanto pura potencialidade sem nada de formal, não pode nem ser pensada nem existir.

*** O destino da matéria aristotélica parece ser o de se manter na retaguarda ou o de representar o papel de coadjuvante.

Com efeito, a matéria é candidata ao papel de substância, com referentes históricos não desconsideráveis. Alguns pré-socráticos consideraram que a matéria era o próprio fundo do ser. Assim, em *Física* II, 1, Aristóteles, referindo-se a Antifonte, escreve: "há quem ache que a natureza e a substância dos seres que são por natureza é o constituinte interno primeiro de cada coisa, por si desprovido de estrutura, por exemplo, de uma cama a natureza é a madeira" (193a9). Ora, é a forma que leva o primeiro lugar como o que é mais característico de um ente (natural) dado. Mas a matéria ainda não disse sua última palavra, e, na etiologia aristotélica, ela adquire um aspecto notável ao reunir a matéria, no sentido de constituinte, e as condições necessárias para a existência de uma coisa. A *Física* (II, 3, 195a16) descreve da seguinte maneira, mediante exemplos, a causa material: "as letras para as sílabas, a matéria para os objetos fabricados, o fogo e os outros corpos desse gênero para os corpos, as partes para a totalidade, as premissas para a conclusão são causas como 'isso de quê'". Em *Segundos analíticos* II, 11, 94a21, reduz a expressão da causalidade material à seguinte expressão: "certas coisas sendo, outras se seguem necessariamente". É nessa perspectiva que o gênero é considerado a matéria de suas espécies: ele as suporta.

Mudança, movimento

Gr.: *Metabolé*/μεϱταβολή, *kínesis*/κίνησις – Fr.: *Changement, mouvement*

> * "Mudança" é o termo genérico que se aplica a qualquer modificação. Ocorre segundo quatro categorias: a mudança segundo a qualidade se chama alteração (*alloíosis*), a mudança segundo a quantidade se chama aumento/diminuição, aquela segundo o lugar se chama transporte ou translação (*phorá*). Essas três mudanças são movimentos, ao passo que a mudança segundo a substância não é, propriamente falando, um movimento, ainda que, em certos textos, Aristóteles inclua essa mudança segundo a substância – que ele chama de "geração e corrupção" (*génesis* e *phthorá*) – entre os movimentos. Afora o transporte circular dos corpos celestes, de que trataremos mais

adiante, todas as mudanças ocorrem na região sublunar. Assim, no que concerne à alteração, Aristóteles dá como exemplo: o esquentamento, a suavização, o secamento, a mudança de cor... Ela é a enteléquia (cf. *Ato*) do alterável como tal e supõe um contato entre o alterante e o alterado. Certas alterações ocorrem de uma só vez, como o congelamento, mas a maioria é progressiva.

** Seja qual for a categoria em que ocorrem, todas as mudanças têm propriedades e, poder-se-ia dizer, uma estrutura comum. Uma mudança vai de algo para algo situando-se em um substrato. Nem mesmo a geração saiu do não-ser absoluto. Toda mudança se faz no tempo e leva tempo. O que possibilita a Aristóteles escrever que "existem três coisas de que se fala a respeito da mudança: o que muda, em que muda e para o que muda, por exemplo o homem, o tempo e o branco" (*Física* VI, 5, 236b2). Cumpre evidentemente acrescentar, como Aristóteles faz com frequência, um quarto elemento: aquilo a partir de que a mudança ocorreu. Pois toda mudança – e, nesse ponto, Aristóteles afirma estar de acordo com todos, ou quase todos, os filósofos que o precederam – se dá entre contrários ou, ao menos, realidades que comportam alguma contrariedade. Isso está exposto detalhadamente no primeiro livro da *Física*, onde Aristóteles busca os princípios universais da mudança. Ali estabelece – alguns comentadores acham, ao contrário, que ele considera isso um princípio quase *a priori* – que "não é qualquer coisa que vem de qualquer coisa", mas que a saúde vem da doença e a cultura da incultura. Uma mudança é uma realidade contínua, que não pode ser considerada única se for interrompida por uma fase de não mudança. Portanto, um transporte não permanece um e o mesmo se for interrompido por um tempo de repouso. Mas toda mudança vem de uma mudança ou de um repouso anterior; logo, a mudança é eterna e, como diz Aristóteles, todo motor é ele mesmo movido. Somente o primeiro motor é não movido, mas ele não é motor no sentido habitual, de agente físico da mudança. Ele move o primeiro céu na medida em que ele é "objeto de amor" seu (*Metafísica* Λ, 7, 1072b3).

*** No livro VIII da *Física*, Aristóteles estabelece – com argumentos, a bem dizer, estranhamente pouco convincentes, ao menos para modernos – a prioridade do movimento local em relação a todas as outras mudanças e, entre os movimentos locais, do movimento circular uniforme eterno. Por mais mal estabelecida que essa tese da prioridade do movimento local circular nos pareça, ela é necessária para Aristóteles como fundamento cosmológico e ontológico do universo aristotélico. Pareceria desnecessário notar que Aristóteles filosofou depois de Parmênides e de Platão; no entanto, essa nota de pura cronologia é de grande importância no que concerne à mudança. A imagem muito geral do cosmos aristotélico é a de um conjunto globalmente imóvel porque não vai de um lugar a outro, dependente de uma realidade absolutamente imóvel que é o "primeiro motor", mas que inclui movimentos baseados, em última instância, no movimento uniforme eterno do "último céu", ou seja, da esfera das fixas.

Física III, 1-3; V.

Natureza

Gr.: *Phýsis*/φύσις – Fr.: *Nature*

* A natureza e os entes naturais são, em Aristóteles, objetos da ciência natural ou física. A empresa de Aristóteles pode ser entendida como uma tentativa de salvar o que era possível salvar da antiga física pré-socrática depois da crítica parmenidiana. O movimento é possível, com a condição de que não implique a totalidade do ser. A natureza é precisamente a região do universo concernida pelo movimento e que só pode existir se tudo for, afinal de contas, movido por um motor imóvel e se o universo for eterno e globalmente idêntico a si próprio. Logo, são ditos naturais ou "por natureza" os entes que têm em si próprios um princípio de movimento ou de repouso. Portanto, as coisas fabricadas não são por natureza, ao menos não como tais, mas o são, contudo, pelo fato de que sua matéria é ela própria natural.

** Como de hábito, Aristóteles integra a seu próprio pensamento as especulações de seus predecessores. Assim, no livro

Δ da *Metafísica* (capítulo 4), ele distingue quatro sentidos para a palavra *phýsis*: "o crescimento – ou a geração – das realidades que crescem"; a realidade primeira e imanente a partir da qual cresce o que cresce (por exemplo, a semente); a matéria de que são constituídos os seres naturais; a substância ou essência dos seres naturais. O livro II da *Física* agrega um outro: a *phýsis* é o princípio do movimento interno aos entes naturais. Desses cinco sentidos, dos quais apenas o quarto e o quinto são verdadeira e plenamente aristotélicos, quatro já estão presentes no pensamento dos milésios. Em Anaximandro, por exemplo, a *phýsis* é ao mesmo tempo geração e nascimento (sentido 1), reservatório genético a partir do qual nasce tudo o que nasce (sentido 2), mas também princípio interno de movimento e de vida (sentido 5). Para os primeiros fisiologistas, aliás, a natureza é a matéria de que são constituídos todos os seres naturais (sentido 3). Acrescentemos que a natureza é também o conjunto dos entes naturais. Por isso, Aristóteles pode pretender ser o continuador da física pré-socrática, depois do abandono pelos socráticos da especulação sobre a natureza substituída pela filosofia moral e política (cf. *Partes dos animais* I, 1, 642a24).

A filosofia natural abarca, pois, domínios muito variados. No início de seu tratado dos *Meteorológicos*, Aristóteles, fazendo um balanço das pesquisas já feitas e daquelas que lhe resta fazer, escreve: "tratamos anteriormente das causas primeiras da natureza e de todo movimento natural, do transporte regular dos corpos celestes para a região superior, dos elementos corporais, seu número, suas propriedades e as transformações de uns em outros e, por fim, da geração e da corrupção consideradas em geral" (I, 1, 338a20). Essa enumeração corresponde sucessivamente, no *corpus* aristotélico tal como chegou até nós, à *Física*, ao tratado *Do céu* e ao tratado *Da geração e da corrupção*. Resta, continua Aristóteles, tratar "do que nossos predecessores chamaram de meteorologia", ou seja, um grande número de fenômenos muito diversos que Aristóteles situava abaixo da órbita da lua: via láctea, cometas, meteoros, chuva, geada, ventos, marés, tremores de terra... Isso corresponde ao tratado denominado *Meteorológicos*. Por fim, será preciso estudar os animais e as plantas "em geral e em particular", alusão aos tratados zoológicos e ao tratado perdido sobre as plantas.

*** O fato de que, para Aristóteles, o sentido fundamental de "natureza" seja a substância ou essência de um ente mostra particularmente bem em que Aristóteles se distingue de seus predecessores. Não se diz realmente o que uma coisa é dizendo de onde ela vem, como acreditavam os pré-socráticos. O que dá conta mais propriamente do que é uma coisa é sua forma no sentido aristotélico (cf. *Forma*). Por isso, a natureza tem uma relação estreita com o fim: não só na natureza há o "em vista de alguma coisa" (cf. *Fim*), mas a própria natureza é fim. A natureza de uma coisa é o estado de pleno desenvolvimento para o qual ela tende.

Metafísica Δ, 4; *Física* II, 2.

Necessário

Gr.: *Anagkaion*/ἀναγκαῖον - Fr.: *Nécessaire*

* A noção de necessário tem uma conotação dupla e parcialmente contraditória. A necessidade é, de um lado, uma das características da ciência. Aliás, não existe ciência que não seja do necessário: é necessário o que não pode ser diferente do que é, e, se o objeto de ciência é necessário, ele também é eterno. Segundo o capítulo dedicado ao necessário no livro Δ da *Metafísica*, esse é o principal sentido do termo, ao qual todos os outros sentidos se remetem. Mas o necessário é também o "forçado", ou seja, o que acontece, seja bom ou não, sem que se possa impedi-lo, mesmo quando isso vai "de encontro à tendência e à escolha refletida; (…) por isso o necessário é penoso" (*Metafísica* Δ, 51015a27), e, desse ponto de vista, a natureza aristotélica finalizada é uma recusa da necessidade cega dos pré-socráticos.

** A natureza do necessário segundo Aristóteles pode ser particularmente observada no vínculo silogístico. Seja este de natureza inferencial ou implicativa (cf. *Silogismo*), nele a necessidade aparece como "dadas certas coisas, outras se seguem necessariamente". Várias vezes (*Física* II, 3, 195a16; *Segundos analíticos* II, 11, 94a21), esse tipo de relação aparece incluído na espécie da causa material (cf. *Matéria*). Doutrina consoante com o que diz a *Física* quando ela opõe mecanismo e finalidade: a necessidade está na matéria, ao passo que a finalidade se confunde com a forma (II, 9, 200a14).

*** Para aplicar a necessidade aos seres mais dignos, cumpre, portanto, purgá-la dessa relação com a coerção: "de sorte que o necessário no sentido primeiro e absoluto é o simples. Pois ele não pode ser de várias maneiras: portanto, ele não é de uma maneira e de outra, pois, senão, ele seria de várias maneiras. Logo, se existem certos seres eternos e imóveis, nenhum deles é forçado nem contranatural" (*Metafísica* Δ, 5, 1015b11). Nesse sentido "depurado", isto é, científico, a necessidade se revela mais fundamental que a finalidade pelo fato de que, ainda que a finalidade se situe "num plano superior" (*Geração dos animais* II, 1, 731b23), é a necessidade que impõe, em última instância, suas leis (cf. *Fim*). Nesse sentido, a necessidade é coercitiva.

Potência

Gr.: *Dýnamis*/δύναμις – Fr.: *Puissance*

* O termo *dýnamis* designa, em grego, toda forma de capacidade, de poder, de força. E Aristóteles recorre também a esses sentidos não técnicos da palavra. Assim, nas *Políticas*, emprega-a para designar o poder político, a autoridade da lei ou a potência militar sob todas as suas formas. Num sentido vizinho, mas já mais próximo dos sentidos filosóficos examinados abaixo, Aristóteles emprega o termo *dýnamis* para indicar a função ou a capacidade de uma coisa: os tratados biológicos falam da *dýnamis* de certos órgãos. No estudo do movimento proposto na *Física*, a *dýnamis* chega até a ganhar um sentido próximo do de "força" na dinâmica moderna, por exemplo, nos "teoremas" dinâmicos do capítulo 5 do livro VII. Mas é evidentemente o sentido propriamente filosófico do termo que nos interessa mais. A potência cumpre um papel central na teoria aristotélica do movimento, pois permite dar conta das mudanças físicas sem ter de fazer o ser proceder do não ser.

** No sentido fundamental, a potência é o que Aristóteles chama de potência ativa (*poietiké*): "um princípio de movimento ou de mudança num outro ou na mesma coisa enquanto outro" (*Metafísica* Δ, 12, 1019a15; Θ, 1, 1046a10). Assim, a arte de construir é uma potência que reside no construtor e não nos tijolos, ao passo que a arte de curar, que reside no médico, também pode estar no doente, caso esse doente também seja médico (cf. *Física* II, 1, 192b23). Essa potência ativa tem como corolário a potência passiva (*pathetiké*), que reside no sujeito da mudança e que torna esse sujeito apto a sofrer uma certa mudança determinada. A água fria tem a potência passiva de esquentar, ao menos até certo ponto, sob a ação da potência ativa aquecedora do fogo. Logo, nenhum ser "pode sofrer o que quer que seja que venha dele mesmo" (1046a28).

A potência ativa, embora não resida, propriamente falando, no ser que é modificado por essa potência – a potência aquecedora não reside na água –, reside contudo em algum lugar. Isso introduz uma nova distinção: as potências que residem em seres inanimados e aquelas que residem na alma dos seres animados e, mais particularmente, na parte racional da alma dos seres racionais. As primeiras são chamadas "potências irracionais" (*álogos*), as segundas, "potências racionais" (*metà lógou*). Existem, evidentemente, potências irracionais nos seres animados, mesmo naqueles que são racionais. Enquanto as potências irracionais são potências de uma única mudança – "o calor só é potência de aquecimento" –, as potências racionais são potências dos contrários – "a medicina é potência tanto da saúde como da doença". De fato, as potências racionais se parecem com as ciências que são ciências dos contrários, com a mesma limitação de serem ciências, e potências racionais, do contrário "positivo" em sentido próprio e do contrário "negativo" em um sentido "de certa maneira por acidente" (1046b13). A medicina é no sentido mais próprio potência da saúde e, em um sentido derivado, potência da privação da saúde. Em certos casos, o da arte de construir, por exemplo, a noção de contrário – ou a de privação – devem ser ampliadas: a potência de construir também é potência de se abster de construir. No caso das potências irracionais, ao contrário, se as condições externas não se opuserem, o encontro entre agente e paciente produz *necessariamente* a mudança.

*** O emprego mais original que Aristóteles faz da noção de potência reside na categoria ontológica do "ser em potência". A mudança seria impensável e impossível se o ser só pudesse ser em ato. Aristóteles precisa que o ser pode ser em potência segundo todas as categorias: a geração de uma substância nova faz uma substância em potência passar ao ato, mas uma qualidade, uma quantidade etc., também podem pertencer em potência a uma substância. A função do ser em potência aparece claramente na doutrina aristotélica dos princípios tal como está exposta no livro I da *Física*. O substrato sofre uma mudança porque é, em potência, a forma e seu contrário, aqui descrito como privação.

Metafísica Θ, 1-9.

Princípio

Gr.: *Arkhé*/ἀρχή – Fr.: *Principe*

* O termo traduzido por "princípio", *arkhé*, significa também o começo e o poder, ou até, num sentido mais preciso desta última acepção, uma magistratura numa cidade. Pode-se, aliás, dizer que os princípios de uma ciência são, a um só tempo, seu fundamento e o que governa seu desenvolvimento.

** Portanto, no sentido epistemológico, Aristóteles chama de "princípio" "uma proposição imediata" (*Segundos analíticos* I, 2, 72a7), mas não é certo que os princípios sejam sempre proposições.

Assim, os princípios primeiros da física são a forma, a privação e a matéria. Como premissas de um silogismo científico, os princípios devem ser primeiros e indemonstráveis, anteriores às conclusões, causas dessas conclusões e mais conhecidos que elas. "Anteriores" e "mais conhecidos" tomados absolutamente, e não anteriores e mais conhecidos para nós (*Segundos analíticos* I, 2). Aristóteles distingue vários tipos de princípios, sendo que os dois principais textos que tratam desse assunto (*Segundos analíticos* I, 3 e I, 10) estão globalmente de acordo no reconhecimento de quatro tipos. As teses são proposições indemonstradas que servem de premissas para os silogismos que constituem uma ciência. Pode-se conhecer as conclusões desses silogismos sem conhecer esses princípios, mas, evidentemente, não se trata então de um conhecimento científico. Os axiomas, em contrapartida, são impossíveis de ignorar para quem aprende a ciência em questão. Quando se trata de axiomas, Aristóteles fala sobretudo dos "axiomas comuns", válidos para várias ciências, tais como: "se de coisas iguais tiram-se coisas iguais, os restos são iguais". Os princípios que não são proposições, mas noções, são também de dois tipos: aqueles que enunciam ao mesmo tempo a existência, ou a não existência do objeto, são hipóteses; do contrário, são definições. Na medida em que são universais, os axiomas comuns e o princípio de não contradição pertencem à filosofia primeira, ou seja, à ciência do ente enquanto ente.

*** Um dos mais importantes problemas da teoria aristotélica da ciência concerne à maneira como chegamos aos princípios. Alguns comentadores supuseram que, para Aristóteles, os princípios eram autoevidentes, um pouco ao modo do *cogito* cartesiano. O último capítulo dos *Segundos analíticos* parece, ao contrário, mostrar que, ao menos no que concerne aos princípios próprios de cada ciência, eles são estabelecidos por um movimento indutivo que passa do particular para o universal, processo este que repousa, em última instância, na nossa capacidade de apreender os objetos pelos sentidos.

Segundos analíticos I, 3; I, 10; II, 19; *Metafísica* Γ, 3.

Prudência

Gr.: *Phrónesis*/φρόνησις – Fr.: *Prudence*

* No estudo das virtudes intelectuais, a prudência se opõe sobretudo à sabedoria (*sophía*). Se a "sabedoria" é "ao mesmo tempo intelecto e ciência, como se a ciência que trata das realidades mais elevadas tivesse uma cabeça" (*Ética nicomaqueia* VI, 13, 1141a18), a prudência aristotélica é a virtude, isto é, a excelência do intelecto prático. É, portanto, uma virtude intelectual e não uma virtude ética. No entanto, de certo ponto de vista, ela é o coroamento da ética.

** Aristóteles a aborda em três direções diferentes. Dado que, para Aristóteles, "todo pensamento é ou prático, ou produtivo, ou teorético" (*Metafísica* E, 1, 1025b24), a prudência encontra seu lugar no terreno prático. Isso significa, em primeiro lugar, que ela não produz nada e, por conseguinte, não é uma arte. Isso significa sobretudo que ela não é um saber teorético: não incide, como a ciência, sobre objetos eternos e necessários. Ao contrário, "a sabedoria é ao mesmo tempo ciência e razão intuitiva das coisas mais nobres por natureza. Por isso dizemos que Anaxágoras, Tales e aqueles que com eles se parecem são sábios, mas não prudentes, quando os vemos ignorar o que é proveitoso para eles mesmos: reconhecemos que possuem um saber sobre realidades incomparáveis, maravilhosas, difíceis e divinas, mas que é inútil porque não são os bens propriamente humanos que eles buscam" (*Ética nicomaqueia* VI, 7, 1141b2). Para Aristóteles, embora o mundo da ação humana – a região do que Aristóteles chama de "assuntos humanos" – esteja incluído em um universo globalmente perfeito, nem por isso deixa de estar marcado pela contingência própria da região sublunar. A filosofia prática confere uma dignidade própria ao mundo ambíguo e aleatório da ação humana. Donde a expressão aristotélica de "ciência prática" oposta à "ciência teorética": as ações humanas não devem ser pensadas com os mesmos conceitos e os mesmos métodos que os objetos imutáveis da ciência teorética.

Desse ponto de vista, Aristóteles define a prudência: "uma disposição prática, acompanhada de uma regra verdadeira, que concerne ao que é bom e ruim para o homem" (VI, 5, 1140b5). O prudente, cuja meta não é um conhecimento teórico da virtude e da felicidade, é portanto o homem da avaliação justa de situações singulares. Sua capacidade primeira é de bem deliberar. A deliberação, que precede a escolha racional, evidentemente não se aplica ao que não depende de nós. Tampouco parece se aplicar, contrariamente ao que pensaram alguns intérpretes, ao fim, mas sim, dado o fim, aos meios de alcançá-lo. Por isso, Aristóteles designa à prudência uma parte especial da alma. A alma racional, que se opõe à alma irracional, divide-se em duas: a parte "científica" "por meio da qual contemplamos os seres cujos princípios não podem ser diferentes do que são" (1139a7) e a parte "calculadora", que Aristóteles caracteriza também como faculdade de deliberar ou de opinar, "por meio da qual conhecemos as coisas contingentes". Dessa parte calculadora, opinativa ou deliberativa da alma, a prudência é a virtude.

*** Mas a prudência aristotélica não é uma simples habilidade. É também uma virtude. Somente o virtuoso é prudente. Reciprocamente, porém, o virtuoso não pode ser virtuoso sem prudência, porque sem prudência o virtuoso não poderia realizar sua virtude. Logo, a prudência fornece os meios para alcançar um fim ético, determinado pela virtude ética.

Resta um aspecto que talvez seja o mais importante. Na falta de norma ética transcendente ou simplesmente universal, é o próprio prudente, notadamente tal como pode se encarnar em homens como Péricles, que é a norma. Não espanta, portanto, que Aristóteles considere que "a política e a prudência são uma única e mesma disposição, embora difiram por seu ser" (*Ética nicomaqueia* VI, 8, 1141b23), porque a política está no próprio fundamento da ética.

Ética nicomaqueia VI, 5, 8-9.

Retórica

Fr.: *Rhétorique*

* Aristóteles pretendeu ir além daqueles predecessores seus que tinham tratado de retórica, criticando neles duas debilidades principais. Em primeiro lugar, ocuparam-se muito exclusivamente de eloquência judiciária e, em segundo lugar, atulharam seus tratados de um excesso de considerações alheias ao que deveria constituir o essencial, a saber, as formas de raciocínio próprias para convencer. Para Aristóteles, a retórica é uma espécie da dialética, porque não constitui uma ciência particular no sentido estrito do termo – fundamentada em princípios próprios –, e porque utiliza as mesmas formas de raciocínio que a dialética, ainda que de uma forma específica. No lugar do silogismo, a retórica utiliza o entimema, que é um silogismo que parte de premissas verossímeis ou de signos e que vai dos efeitos para as causas e não das causas para os efeitos. No lugar da indução, a retórica utiliza o exemplo, que concerne tão somente a certos casos e não alcança o universal.

** Aristóteles distingue três formas de retórica. Trata-se de fornecer as regras da eloquência judiciária – o advogado mostra o caráter bom ou ruim de uma ação passada –, da eloquência epidíctica – que evidencia o caráter nobre ou vil de uma ação presente – e da eloquência política – que busca convencer a adotar determinada medida no futuro. Para alcançar seus fins, o orador dispõe de meios que não dependem, propriamente falando, da retórica: provas materiais, a tortura para extrair confissões, testemunhas etc. Mas ele deve recorrer sobretudo a meios "técnicos". O mais importante é a argumentação que prova, ou parece provar, provocando, assim, a convicção. Nessa ocasião é que o orador se serve do entimema e do exemplo. A retórica se move normalmente no terreno dos raciocínios gerais, mas pode também recorrer a raciocínios pertencentes a uma ciência particular, sobretudo à ética ou à política. Os outros meios técnicos visam, por um lado, levando em conta o estado do auditório – sua situação psicológica, sua idade, sua posição social etc. –, provocar nesse auditório um preconceito favorável sobre o caráter do orador e, por outro, provocar nos ouvintes as paixões de que o orador necessita. No final do livro I da *Retórica*, Aristóteles examina os "lugares comuns" da arte oratória, ou seja, tipos de argumentos utilizáveis em uma grande quantidade de casos, por exemplo "quem pode o mais pode o menos".

*** A retórica aristotélica é um exemplo de técnica axiologicamente neutra. O que importa é adquirir os meios para convencer, ainda que seja inculcando opiniões falsas ou vergonhosas. A retórica tem um estatuto instrumental, ao menos tanto quanto os tratados lógicos, dos quais ela possivelmente fez parte na origem. Seu principal instrumento são as paixões, pois, como diz Aristóteles, "as paixões são coisas por causa das quais os homens variam seus juízos e elas são seguidas de prazer e de dor" (*Retórica* II, 1, 1348a19). Logo, é na *Retórica* que Aristóteles nos oferece seu verdadeiro "tratado das paixões da alma".

Ser vivo

Fr.: *Vivant*

* Um ser vivo é um corpo animado (cf. *Alma*). Existem casos-limite, mas nenhuma verdadeira exceção a essa definição: o universo inteiro é considerado por Aristóteles um ser vivo, bem como o primeiro motor imóvel, embora ele não tenha corpo. Aristóteles diz que este último "é uma vida" (*Metafísica* Λ, 7, 1072b14).

** Os seres vivos propriamente ditos, isto é, as plantas e os animais, foram para Aristóteles um objeto privilegiado de estudo e, apesar da perda de muitos tratados — particularmente o que ele dedicou às plantas —, os tratados biológicos representam quase um terço do *corpus* aristotélico. Por trás do incrível conjunto de informações e observações sobre os animais, as obras de Aristóteles dão do mundo animal uma imagem fortemente teórica. Primeiro, por trás da diversidade dos animais, ele detecta uma unidade de plano que só pode ser apreendida através da analogia: a pinça é para o caranguejo o que a mão é para o homem... Assim, Aristóteles é o fundador inconteste da anatomia comparada. Ele estuda antes órgãos e funções do que animais separados. O mundo animal é também a região do universo em que a presença da finalidade é mais evidente. Aristóteles só considera que explicou um órgão quando evidenciou seu fim. Mas as leis que chamaríamos de físico-químicas da matéria viva não podem em nenhum caso ser violadas e uma espécie de negociação se estabelece entre a "natureza necessária" e a finalidade (cf. *Fim*). Por isso o *cor-*

pus biológico estuda os seres vivos segundo as quatro causas (cf. *Geração dos animais* I, 1, 715a1).

*** Para Aristóteles, o ser vivo e sobretudo o animal (cf. *Alma*) é o exemplo canônico do ente natural. Aliás, são sempre os animais que encabeçam as listas de entes naturais. O ser vivo possui uma perfeição superior ao ser não vivo. Esta é uma das razões pelas quais Aristóteles concebe o universo como um ser vivo. Mas a vida que é atribuída aos seres eminentes ou perfeitos como o universo e deus não é exatamente igual à vida dos seres vivos vegetais e animais. Foi também por estudar a morte como um processo natural (cf. o tratado *Da vida e da morte*) que Aristóteles pode ser considerado o fundador da biologia.

Silogismo

Gr.: *Syllogismós*/συλλογισμός – Fr.: *Syllogisme*

* Aristóteles às vezes designa pela palavra *syllogismós*, cuja etimologia indica um conjunto ou uma reunião (de proposições), um "raciocínio", sem determinar sua forma precisa. Retoma, assim, um uso que existia antes dele (cf. Platão, *Crátilo* 412a). Mas existe um emprego propriamente aristotélico desse termo, que designa, então, um raciocínio dedutivo de forma particular. A definição geral que Aristóteles dá é: "o silogismo é um discurso pelo qual, estabelecidas certas coisas, uma outra coisa resulta necessariamente devido a esses dados apenas" (*Primeiros analíticos* I, 1, 24b18).

** Essa definição não permite dirimir a questão de saber se o silogismo é de natureza inferencial, isto é, se o raciocínio estabelece uma asserção considerada como verdadeira a partir de premissas assumidas como verdadeiras, ou de natureza implicativa, isto é, apenas como afirmação da necessidade de um vínculo lógico entre premissas e conclusão. Mais precisamente, um silogismo é um raciocínio que parte de duas proposições denominadas premissas, que têm um termo em comum, denominado termo médio, e de uma proposição denominada conclusão, na qual esse termo médio desapareceu. A primeira premissa é denominada "maior", assim como é denominado "maior" o termo que ela contém além do termo médio; a segunda premissa é denominada "menor" e é composta do termo menor e do termo médio. Os silogismos se dividem também em válidos e não válidos, estes últimos contendo uma falha de raciocínio (todos os A são B, todos os C são B, portanto todos os A são C é inválido); e em perfeitos e imperfeitos, sendo que estes últimos precisam de proposições adicionais, que resultam, decerto, das proposições formuladas, mas não figuram explicitamente nas premissas.

Toda proposição é um discurso que afirma ou nega alguma coisa de alguma coisa (24a16). Pode ser universal se afirma ou nega alguma coisa de um sujeito tomado universalmente (todos os homens são mortais), particular se o sujeito for tomado particularmente (certos animais são quadrúpedes), indefinida se a atribuição ou a não atribuição se fizer sem indicação de universalidade ou de particularidade (o prazer não é um bem). Um dos modos de variação dos silogismos se dá, portanto, segundo a qualidade, universal, particular ou indefinida, das proposições que o constituem. Sobre essa variação, e as inúmeras combinações que ela possibilita, funda-se a muito difícil, e muito discutida, teoria aristotélica dos silogismos modais. Aristóteles distingue três "figuras" do silogismo. A tradição, apoiando-se em declarações do próprio Aristóteles, baseia essa distinção no lugar ocupado pelo termo médio. Com efeito, os *Primeiros analíticos* dizem que "é pela posição do termo médio que se poderá reconhecer a figura" (I, 32, 47b13). Na primeira figura, o termo médio será, portanto, sucessivamente sujeito na maior e predicado na menor; na segunda figura, ele será sujeito nas duas premissas; na terceira figura, ele será predicado nas duas premissas. Duas objeções podem ser feitas a essa análise. Se Aristóteles define a figura silogística pela posição do termo médio, por que ele não distinguiu a quarta figura, na qual o termo médio é primeiro predicado e depois sujeito? Ademais, o texto invocado acima não fornece o único modo ou o modo fundamental de distinguir as figuras, mas concerne a um caso particular: "se a conclusão é obtida com a ajuda de várias figuras, é pela posição do termo médio...". Pareceria mais correto pensar que Aristóteles distingue as figuras pelas relações entre a extensão do maior e do menor, por um lado, e a do termo médio, por outro. Na primeira figura, o termo médio está contido no maior (todos os homens são mortais) ou dele está excluído (nenhum homem é imortal), ao passo que o menor está contido no termo médio (todos os gregos são homens). Na segunda figura, o termo médio tem mais extensão que o maior e o menor (nenhum A é B, todo C é B, nenhum C é A). Na terceira figura, o termo médio é o que tem menos extensão (todo A é B, todo A é C, algum C é B).

*** Enquanto procedimento dedutivo, o silogismo nos parece um raciocínio rigoroso mas estéril. No entanto, Aristóteles faz dele o principal meio do desenvolvimento das ciências, ao menos na forma do "silogismo científico", ou seja, da demonstração. Como, por outro lado, os silogismos efetivamente formulados são raros, se não inexistentes nas obras científicas de Aristóteles, alguns comentadores afirmaram que a forma silogística não passava de uma reformulação, para fins principalmente pedagógicos, de resultados científicos encontrados por outros meios. No entanto, Aristóteles deixa claro (cf., por exemplo, *Segundos analíticos* I, 2) que possuir a ciência de alguma coisa é, a um só tempo, possuir a demonstração e conhecer a causa dessa coisa, duas descrições que convergem, porque no silogismo científico o termo médio é a causa da conclusão. Aristóteles dá o exemplo dos dois seguintes silogismos: tudo o que não cintila é próximo, os planetas não cintilam, os planetas são próximos (isto é, mais próximos que outros corpos celestes e sobretudo que as estrelas fixas). Esse silogismo não é científico, porque o termo médio – não cintilar – não é causa da proximidade dos planetas, já que não é porque os planetas não cintilam que eles são próximos, mas é porque são próximos que não cintilam. O silogismo científico seria: Tudo o que é próximo não cintila, os planetas não cintilam, os planetas são próximos. O termo médio – ser próximo – é a causa do fato de que os planetas não cintilam: eles não cintilam porque são próximos (*Segundos analíticos* I, 13).

No entanto, não é pelo fato de o termo médio ser causa que o silogismo científico, ou demonstração, se distingue dos outros silogismos. Em sentido estrito, uma demonstração é, para Aristóteles, um silogismo que produz um resultado verdadeiro e não simplesmente provável, verossímil ou falsamente verdadeiro. Esse silogismo cria, então, o que Aristóteles denomina a ciência (*epistéme*), e ele emprega indiferentemente as expressões "demonstração" e "silogismo científico" ou "silogismo demonstrativo". O que torna um silogismo demonstrativo é, além de sua validade formal, as qualidades de suas premissas: se as premissas forem simplesmente opiniões aceitas por todo o mundo ou por algumas pessoas notáveis, teremos um silogismo dialético. Para que o silogismo seja científico, as premissas têm de ser verdadeiras, anteriores à conclusão, mais bem conhecidas que ela e causas da conclusão (cf. *Princípio*).

Substância/essência

Gr.: *Ousía*/οὐσία – Fr.: *Substance/essence*

* Dupla tradução da intraduzível *ousía*. *Ousía* cria dificuldades de tradução, pois o termo representa, em Aristóteles, três coisas diferentes: a forma, a matéria e o composto de ambas (*Metafísica* Z, 3, 1029a27-33). Dessas três coisas, somente "o composto de ambas", ou substância composta, corresponde ao que costumamos chamar substância: os corpos e seus elementos (*Metafísica* Δ, 8, 1017b10-12). Matéria e forma são os elementos constituintes dessa substância composta e não existem, elas próprias, à maneira dos corpos. A análise de uma substância composta resolve-a nesses dois elementos que são a matéria e a forma. Portanto, é num sentido totalmente outro da substância que também são ditas "substâncias" a matéria e a forma: elas são substâncias porque são causas para a substância composta do que ela é (1017b14-18). Essas duas causas não são de igual importância, pois a matéria é uma capacidade de ser, que só se realiza pela e na forma; a forma, causa formal e final (cf. *Causa*), é assim o que define a essência da coisa. *Ousía* significa portanto a coisa (a substância) e suas causas internas, a matéria e a forma; a forma é o que corresponde à essência.

** Esse duplo sentido da substância decorre de sua função. "Substância" é a resposta à questão colocada pela busca do ser (*Metafísica* Z, 1, 1028b2-7). A substância (trata-se da substância composta) é mais ser do que o são as qualidades, quantidades e todas as outras categorias, porque as outras categorias se dizem da substância, que é suporte delas. A substância é, pois, o sentido primeiro do ser (*Metafísica* Γ, 2, 1003a33-b19). Que a substância seja o sentido primeiro do ser significa duas coisas: em primeiro lugar, no nível real, a primazia da existência dos corpos, que são condições da existência das quantidades, qualidades e todas as outras qualificações; em segundo lugar, no nível lógico, que a substância é o substrato-sujeito de todas as outras categorias que são seus atributos. Essa função "substrato" da substância poderia levar à opinião equivocada de que a matéria é substância, porquanto a matéria é o suporte mais indeterminado que se possa encontrar, de acordo com um procedimento regressivo que busca saber qual o elemento último que permanece quando se suprimem as qualificações secundárias (1029a1-27). Essa é uma opinião equivocada, pois essa identificação desfaz a própria substância e faz equivalerem-se substância e indeterminação. Portanto, se a função de substrato primeiro da predicação distingue a substância das outras qualificações que são outras tantas formas de ser, cumpre precisar a natureza desse substrato, que não pode ser a matéria, a não ser que perca um caráter essencial à substância, sua existência autônoma e separada. Uma substância é uma coisa do mundo, identificável, o que não poderia ser se fosse uma matéria sem determinação.

*** Se a substância é a resposta à questão do ser, a questão do ser próprio da substância se tornará o próprio objeto do exame filosófico: o filósofo deve conhecer o ser da substância, a saber, seus princípios e suas causas (*Metafísica* Γ, 1, 1003a15-17). Ora, o ser da substância é, como dissemos, a forma. Logo, cumpre situar a função da substância segundo dois níveis distintos. Primeiro, a substância é resposta à questão do ser, de sorte que é o substrato que ordena a multiplicidade do ser: ela é, na realidade, o suporte único das outras propriedades e, nos enunciados, o sujeito dos predicados. Essa função é uma função de ordem: a substância ordena os múltiplos sentidos do ser a partir de um sentido primeiro; dá, portanto, uma relativa forma de unidade à multiplicidade dos sentidos do ser. Em segundo lugar, a resposta à questão do ser da substância é a forma, o que implica, de novo, a escolha entre várias possibilidades (1028b33-36). Todo o livro Z da *Metafísica* está destinado a mostrar que o ser da substância é sua forma; isso significa aquilo que, para a matéria, é causa de sua organização e possibilita a essa matéria (as partes da coisa) ter uma unidade funcional (*Metafísica* Z, 17, 1041a26-b9). Dessas duas maneiras, a questão do ser é também questão do um.

Metafísica Γ, Z.

Sub/supralunar

Fr.: *Sub/supra-lunaire*

* No universo de Aristóteles, há uma cesura fundamental entre a região que se situa entre a órbita da lua e a esfera das fixas, por um lado, e a região que está sob a órbita lunar, por outro. O supralunar, que contém entes individualmente eternos, é o lugar da necessidade e da harmonia. O sublunar, ao contrário, embora seja globalmente ordenado, contém uma parte irredutível de contingência (cf. *Prudência*). Deve-se notar que os termos "supralunar" e "sublunar" são uma criação dos comentadores: Aristóteles fala da região "de cima" e da região "daqui".

** É na região sublunar que vivem os seres humanos e é lá que se situa a natureza no sentido mais próprio do termo. É certo que os corpos celestes são naturais na medida em que têm neles próprios o princípio de seu movimento, mas percebe-se em Aristóteles como que uma hesitação em incluir o estudo deles na física. Na verdade, ele os considera divinos, o que os faz depender antes da teologia.

Eles são de fato corpos, mas corpos simples, ao passo que todos os corpos sublunares são compostos de vários elementos.

Os corpos celestes absolutamente não são em ato, a única mudança que sofrem é o movimento local regular que os anima. Além disso, Aristóteles não atribui uma verdadeira causa final aos corpos celestes e ao primeiro motor imóvel, que não são "em vista de alguma coisa". As relações entre as regiões supralunar e sublunar são relações de transmissão e de imitação. O primeiro motor imóvel não criou o mundo e só o move na medida em que é um objeto de amor (cf. *Mudança*). Quanto aos seres vivos, eles se esforçam, pelo movimento ininterrupto da geração, para imitar, por uma eternidade específica, a eternidade individual dos corpos celestes (cf. *Geração dos animais* II, 1, 731b31).

*** Muitas vezes se disse que a divisão aristotélica entre supralunar e sublunar, que afinal de contas repousa no sentimento muito difundido na Grécia – e em outros lugares – de que os corpos celestes são de uma natureza necessariamente superior à natureza dos objetos que nos cercam, foi um formidável obstáculo ao desenvolvimento de uma física científica no sentido moderno do termo. É certo que uma física e uma cosmologia no sentido moderno precisavam, para se constituir e se desenvolver, considerar que as leis da natureza se aplicam por toda parte. E evidentemente não era essa física nem essa cosmologia que Aristóteles tinha em vista, mas essa distinção entre supralunar e sublunar corresponde a uma intuição metafísica: há nisso uma espécie de espacialização do platonismo e ao mesmo tempo uma desconexão fundamental entre o "mundo superior" e o "mundo de baixo", porque as relações entre esses dois mundos já não são de participação, mas de imitação.

Tempo

Gr.: *Khrónos*/χρόνος – Fr.: *Temps*

* A palavra *khrónos* designa o tempo sob os aspectos da data e da duração; mas a significação que prevalece é a da duração. Em seu sentido mais pleno, um "tempo" é um intervalo de tempo concreto, determinado pelo momento de seu início e pelo de seu fim; em alguns casos, é uma duração não datada ("três dias", "um ano"); em outros, é a totalidade do tempo. O que corresponde à noção de data no vocabulário de Aristóteles é a categoria do tempo ou, mais exatamente, do "quando" (*Categorias*, 4). Enfim, Aristóteles não dispõe de nossa noção de um instante sem duração; o que mais se aproxima disso é o "agora" (*tò nûn*), que implica ademais a distinção e a diferença entre tempo passado e tempo por vir. Pode ser descrito como incessantemente diferente ou como sempre o mesmo (*Física* IV, 10, 218a8-25; 11, 219b12-33); pertence ao tempo sem ser um tempo; de fato, é um limite de tempo. Para Aristóteles, nenhum tempo pode ser dado sem um "agora", isto é, sem um sujeito (alma ou inteligência) que dele tenha consciência. Do mesmo modo, escreve que os verbos no passado ou no futuro são apenas "declinações" do verbo propriamente dito, que é o verbo no presente (*Da interpretação* 3, 16b16-18).

** O tempo é analisado detalhadamente no livro IV da *Física* (capítulos 10-14); ali é definido como "o número de um movimento segundo o anterior e o posterior" (*Física* IV, 11, 219b 1-3). Trata-se, pois, de um ponto de vista adotado sobre um movimento (ou uma mudança em geral), que conserva dos momentos da mudança apenas sua ordem e os intervalos que os separam. Causou espanto a assimilação do tempo a um número, considerando que as *Categorias* classificam o número na quantidade discreta e o tempo na quantidade contínua; cumpre, portanto, sublinhar a precisão que Aristóteles fez: o tempo é "aquilo por meio de que o movimento tem um número". Essa definição coloca o problema da realidade do tempo: será ele um simples aspecto dos movimentos? Trata-se, contudo, de um aspecto universal, já que todos os movimentos podem ser comparados pela relação com o tempo e já que existe um movimento universal e incessante com o qual todos os outros podem ser relacionados: o movimento do primeiro céu, que define a medida do tempo, qual seja, o dia. Aristóteles pergunta por outro lado: estará o tempo "nas coisas", como nos parece, ou será ele dependente da alma, tal como um número não pode existir sem alguém que conte? (*Física* IV, 11, 219b1-3).

Ele adota uma solução de compromisso: existe sim, por assim dizer, um tempo nas coisas, mas ele só é em potência; é uma coisa indeterminada "o que faz que haja tempo" e que só se torna tempo quando é apreendido como tal por um ato da alma que "afirma" que o "agora" presente é distinto de um "agora" anterior.

*** O tempo é contínuo, ou seja, indefinidamente divisível; um "agora" não pode ser contíguo a um outro "agora". Ele é infinito, o que levanta a questão de seu modo de existência, já que Aristóteles não admite que um infinito possa existir em ato. Logo, ele existe de uma forma original, como um dia que passa ou uma luta que se desenrola, sendo que "o que se apreende não permanece" (*Física* III, 6, 206a21-25, b13-14; 8, 208a20-21; cf. *Infinito*). A infinidade do tempo implica a eternidade do mundo e a existência de uma causa eterna e imutável, o Primeiro Motor. Por fim, o tempo é orientado, porque herda do movimento a estrutura do "antes/depois". O futuro é qualitativa e ontologicamente diferente do passado, o que se traduz pelo estatuto lógico muito particular dos enunciados no futuro a respeito de fatos singulares (os "futuros contingentes"): eles escapam ao princípio de bivalência, segundo o qual toda proposição deve necessariamente ser ou verdadeira ou falsa (*Da interpretação*, 9); Aristóteles justifica essa exceção notando que os fatos futuros são "não entes, que podem ser ou não ser". Do mesmo modo, Aristóteles considera que a existência de relações de causalidade nos possibilita explicar fatos (inferindo um acontecimento passado a partir de um outro mais recente), mas não predizê-los (*Segundos analíticos* II, 12). Esse caráter aberto do tempo decorre da afirmação que Aristóteles faz da realidade do possível (cf. *Potência*); não torna o porvir inteiramente imprevisível, já que existem fatos universais que se produzem de modo necessário e, portanto, afirmações sempre verdadeiras; e também fatos que se produzem "por via de regra" (*hôs epi to polu*) e, portanto, "comumente".

Física IV, 10-14.

Universo
Fr.: *Univers*

* Para designar o universo como um todo, Aristóteles prefere empregar o termo *ouranós*, "céu", ao termo *kósmos*. O universo de Aristóteles é único, finito, eterno, esférico e globalmente perfeito. É constituído de esferas concêntricas sobre as quais estão fixados corpos celestes. Elas têm como centro comum o centro da terra, a qual está imóvel no centro do universo. A última dessas esferas é o "primeiro céu" sobre o qual estão fixadas as estrelas fixas. Ele é movido diretamente pelo deus de Aristóteles, o primeiro motor imóvel. Quanto aos planetas, eles são animados, por um lado, pelo movimento geral do primeiro céu e, por outro, pelos movimentos das esferas sobre as quais estão fixados. Para dar conta dos movimentos aparentemente irregulares dos planetas, Aristóteles retomou a hipótese de Eudóxio de Cnido segundo a qual cada astro está em várias esferas concêntricas, mas não têm os mesmos eixos. Eram necessárias, assim, três esferas para dar conta do movimento da lua e três outras para o do sol, mas quatro para o movimento dos outros planetas. Calipo de Cízico, sucessor de Eudóxio, introduziu novas esferas, o que elevará seu número a 34, incluindo a esfera das fixas. O próprio Aristóteles introduziu outras, ditas "compensadoras", para que o movimento de cada esfera não fosse perturbado pelas outras esferas em que se encaixa.

** Finalmente, Aristóteles concebe o universo como um ser vivo, provido de dimensões objetivas absolutas: um alto e um baixo, um adiante e um atrás, uma direita e uma esquerda (cf. *Lugar*). O universo é pleno e Aristóteles dedica toda uma seção do livro IV da *Física* (capítulos 6 a 9) para demonstrar que o vácuo não existe. Foram os grandes adversários teóricos de Aristóteles, os atomistas, que disseram que o vácuo era necessário para que houvesse movimento. Aristóteles refuta essa tese afirmando que, sendo o movimento uma dupla relação de ação e paixão, é preciso haver uma coisa que aja e uma coisa que sofra. Logo, não há ponto de vácuo no universo. Pensa também que o vácuo, por opor uma resistência nula aos móbiles, conferir-lhes-ia uma velocidade infinita. Sendo o universo único e finito, o que está fora dele não é, propriamente falando, vácuo no qual um movimento poderia ocorrer. Como diz o tratado *Do céu*, "é claro que fora do universo não há nem lugar, nem vácuo, nem tempo" (I, 9, 279a11).

*** As demonstrações do tratado *Do céu* impressionaram muitas vezes os comentadores modernos por sua debilidade teórica. A enorme influência dessa obra sobre os séculos subsequentes é ainda mais espantosa. A perfeição do universo, por exemplo, é "provada" pela perfeição do corpo – que tem três dimensões – e pela afirmação de que a esfera é o mais perfeito dos corpos. Muitos outros raciocínios repousam sobre afirmações *a priori*, que nos parecem estranhas em um tratado que supostamente estuda o universo. Mas a questão é mais metafísica que astronômica, e ver no tratado *Do céu* uma obra de astronomia foi abusivo. O universo deve ser finito para ser perfeito. Deve também ser esférico. Parece-se assim com o ser de Parmênides: o universo de Aristóteles é uma resposta à crítica eleata. Se o universo não provém de nenhum outro ser em nenhum tempo, a crítica eleata não se aplica a ele e a mudança é possível em seu seio, sem que se veja questionada sua perfeição global.

Virtude

Gr.: *Areté*/ἀρετή – Fr.: *Vertu*

* A tradução de *areté* por "virtude" talvez não seja a melhor, mas é habitual demais para que possamos ignorá-la. *Areté* é a excelência de uma coisa, por exemplo, o fio de uma lâmina ou a rapidez de um cavalo são *aretai* deles. Mas o emprego mais interessante de "virtude" por Aristóteles está nos tratados éticos, nos quais ele distingue dois grandes tipos: as virtudes éticas e as virtudes intelectuais.

** A virtude ética é "um estado habitual que leva a escolher, que é um justo meio relativamente a nós, o qual é determinado por uma regra, tal como o determinaria o homem prudente" (*Ética nicomaqueia* II, 6, 1106b36). Todos os homens, excetuando alguns "monstros morais", nascem com os traços característicos de cada virtude ética em estado de esboço. Mas a educação deve reforçar essas boas tendências, pois já não se pode fazer muita coisa contra um "estado habitual" uma vez que este esteja implantado no sujeito. O estado habitual correto nos leva a escolher uma mediania[1], ou seja, um estado intermediário entre dois extremos. A coragem, por exemplo, entre a covardia e a temeridade. Não se trata, porém, de uma moral "centrista" que prega a moderação, já que Aristóteles esclarece que "a mediania é um extremo" (II, 6, 110723), porque a coragem se situa no extremo oposto tanto do excesso (a temeridade) como da falta (a covardia). Por isso a mediania é "a perfeição" (1106b22), a mais difícil de alcançar (1106b28). A virtude é, decerto, determinada por uma "regra" (*lógos*), o que quer dizer que a ética aristotélica não é relativista. Mas a regra não é, propriamente falando, uma lei, pois o critério de justeza da ação ética virtuosa é o próprio sábio ("o homem prudente"). Por ser particular, a ação ética é totalmente determinada: ela é "o que deve ser, por que deve ser, com respeito a quem deve ser, em vista do que deve ser, como deve ser" (II, 5, 1106b21). De fato, o sábio não pode se enganar, porque é "habitado" por virtudes que se tornaram uma segunda natureza sua e porque, uma vez que se é virtuoso, não se tem quase nenhuma chance de (re)cair no vício.

Isso porque a virtude aristotélica não tem nada a ver com a virtude cristã, por exemplo. O santo cristão não tem nenhuma garantia contra um retorno do mal e é sempre objeto de tentação. O sábio aristotélico – e ele compartilha isso com os sábios platônicos, estoicos e epicuristas – acha a sua felicidade na virtude, embora a felicidade também dependa, secundariamente, de condições externas. Aquele que reprime, com maior ou menor esforço, seus maus desejos e que Aristóteles chama de "continente", tem o aspecto externo do virtuoso, mas não é virtuoso. Donde decorrem, entre outras, estas duas declarações de Aristóteles, que afastam totalmente sua ética de uma moral de tipo cristã ou kantiana. Em primeiro lugar, o pudor (ou a modéstia, *aidós*) não é uma virtude, pois o virtuoso desconhece a vergonha que a acompanha. Em segundo lugar, o prazer é o verdadeiro critério do ato virtuoso e é o que permite distingui-lo de suas contrafações.

Quanto à virtude intelectual, seu estudo é necessário porque aquele que vive seguindo a virtude escolhe o justo meio conformando-se a "uma regra". Portanto, para ser virtuoso, é preciso haver uma parte racional da alma que também seja excelente. Assim como a virtude ética é um estado habitual que nos faz escolher o justo meio, a virtude intelectual é um estado habitual que nos permite alcançar a verdade. Mas o conhecimento racional se aplica seja ao que é necessário, seja ao que está mesclado de contingência. Por isso, a ciência e a razão intuitiva são virtudes, ou seja, estados que nos possibilitam apreender a verdade, nesse caso, dos objetos necessários. Ao passo que a prudência e a arte são estados que nos possibilitam apreender a verdade concernente aos objetos contingentes. O virtuoso perfeito será, portanto, o homem prudente, o *phronimos*, que, além da virtude ética completa, possui uma aptidão perfeita para deliberar sobre os meios de atingir os fins eticamente desejáveis.

*** Donde a dificuldade, compartilhada por toda a filosofia grega, para explicar a presença maciça do mal. Aristóteles recusa a tese socrática segundo a qual ninguém é mau de própria vontade. O vicioso é, de fato, responsável pelos atos que arraigaram nele maus estados habituais, ainda que essa responsabilidade seja tanto coletiva quanto individual. Assim, os pais são os principais responsáveis pelo vício de seus filhos se não lhes deram bons hábitos. Por isso, Aristóteles pensa que a questão política mais importante é a da educação dos futuros cidadãos, e é de opinião de que a educação é assunto sério demais para ser deixado à iniciativa individual e deve ser assumida pela cidade. Em seus momentos de pessimismo, ou de lucidez, Aristóteles reconhece, contudo, que a "perversidade" (*mokhtheria*) é para a maioria dos homens bastante atraente...

1. Alguns tradutores de Aristóteles usam a expressão "meio-termo". (N. do R.T.).

BIBLIOGRAFIA

Sobre o conjunto da filosofia de Aristóteles
Octave Hamelin, *Le système d'Aristote*, Paris, Vrin, 1976
Joseph Moreau, *Aristote et son école*, Paris, PUF, 1962 (1985)
Léon Robin, *Aristote*, Paris, PUF, 1944

Sobre a lógica e a teoria da ciência
Gilles-Gaston Granger, *La théorie aristotélicienne de la science*, Paris, Aubier, 1976
Jan Lukasiewicz, *La syllogistique d'Aristote* (trad. fr. F. Caujolle-Zaslawsky), Paris, A. Colin, 1972

Sobre a metafísica
Pierre Aubenque, *Le problème de l'être chez Aristote*, Paris, PUF, 1962
Annick Jaulin, *Eidos et ousia, De l'unité théorique de la Métaphysique d'Aristote*, Paris, Klincksieck, 1999

Sobre a física, a cosmologia, a psicologia e a biologia
Rémi Brague, *Aristote et la question du monde*, Paris, PUF, 1988
François De Gandt & Pierre Souffrin (orgs.), *La physique d'Aristote*, Paris, Vrin, 1991
Augustin Mansion, *Introduction à la physique aristotélicienne*, Louvain, Paris, 1945
Pierre Pellegrin, *La classification des animaux chez Aristote*, Paris, Belles Lettres, 1982

Sobre a ética e a política
Pierre Aubenque, *La prudence chez Aristote*, Paris, PUF, 1963
Pierre Aubenque (org.), *Aristote politique. Essais sur la Politique d'Aristote*, Paris, PUF, 1993
Richard Bodéüs, *Le Philosophe et la cité*, Paris, Belles Lettres, 1982
René-Antoine Gauthier, *La morale d'Aristote*, Paris, PUF, 1958 (1973)

BIBLIOGRAFIA

LISTA DOS TERMOS EM PORTUGUÊS

Acaso 7
Acidente 8
Alma 9
Arte 11
Ato 12
Bem 14
Categoria 15
Causa 16
Cidade 19
Ciência 21
Contínuo 23
Definição 24
Dialética 25
Espécie 33
Ética 28
Fim 30
Forma 32
Gênero 33
Geração 35
Infinito 37
Lugar 40
Matemática 41
Matéria 43
Movimento 44
Mudança 44
Natureza 46
Necessário 48

Por acidente	8
Potência	49
Princípio	51
Prudência	52
Retórica	54
Ser vivo	56
Silogismo	57
Substância/essência	60
Sub/supralunar	62
Tempo	63
Universo	66
Virtude	67

LISTA DOS TERMOS EM GREGO

Agathón/ἀγαθόν 14
Aitía/αἰτία 16
Aítion/αἴτιον 16
Anagkaion/ἀναγκαῖον 48
Ápeiron/ἄπειρον 37
Areté/ἀρετή 67
Arkhé/ἀρχή 51
Dýnamis/δύναμις 49
Eîdos/εἶδος 33
Enérgeia/ἐνέργεια 12
Entelékheia/ἐντελέχεια 12
Epistéme/ἐπιστήμη 21
Ethiké/ἠθική 28
Génesis/γένεσις 35
Génos/γένος 33
Hai mathematikai epistemai/αἱ μαθηματικαὶ ἐπιστῆμαι 41
Horismós/ὁρισμός 24
Hýle/ὕλη 43
Katà symbebekós/κατὰ συμβεβηκός 8
Kategoría/κατηγορία 15
Khrónos/χρόνος 63
Kínesis/κίνησις 44
Metabolé/μερταβολή 44
Ousía/οὐσία 60
Phrónesis/φρόνησις 52
Phýsis/φύσις 46
Pólis/πόλις 19

Psykhé/ψυχή 9
Syllogismós/συλλογισμός 57
Symbebekós/συμβεβηκός 8
Synekhés/συνεχής 23
Tá mathémata/τά μαθήματα 41
Tá mathematiká/τὰ μαθηματικά 41
Tékhne/τέχνη 11
Télos/τέλος 30
Tópos/τόπος 40
Týkhe/τύχη 7

LISTA DOS TERMOS EM FRANCÊS

Accident	8
Acte	12
Âme	9
Art	11
Bien	14
Catégorie	15
Cause	16
Changement	44
Cité	19
Continu	23
Définition	24
Dialectique	25
Espèce	33
Éthique	28
Fin	30
Forme	32
Génération	35
Genre	33
Hasard	7
Infini	37
Lieu	40
Mathématiques	41
Matière	43
Mouvement	44
Nature	46
Nécessaire	48
Par accident	8

Principe	51
Prudence	52
Puissance	49
Rhétorique	54
Science	21
Sub/supra-lunaire	62
Substance/essence	60
Syllogisme	57
Temps	63
Univers	66
Vertu	67
Vivant	56

ÍNDICE REMISSIVO

Agente: cf. Potência
Analogia: cf. Gênero, Ser vivo
Anterioridade: cf. Ato, Geração, Princípio
Aporia: cf. Dialética
Felicidade: cf. Bem, Cidade
Aumento: cf. Mudança
Celestes (corpos): cf. Mudança, Geração, Natureza, Sub/supralunar, Universo
Composto (de forma e de matéria): cf. Forma, Substância
Contemplação: cf. Bem
Continência: cf. Virtude
Contrário: cf. Geração, Gênero, Matéria, Potência
Deliberação: cf. Cidade, Prudência, Virtude
Demonstração: cf. Ciência, Silogismo
Deus: cf. Ciência, Universo
Doxografia: cf. Dialética
Elemento: cf. Geração, Infinito, Lugar, Matéria, Natureza, Supra/sublunar, Substância
Enteléquia: cf. Ato
Escravo: cf. Cidade
Ser: cf. Substância/essência

Experiência: cf. Arte, Ciência
Faculdade: cf. Alma
Hábito: cf. Cidade, Ética, Virtude
Alto-baixo: cf. Lugar
Imaginação: cf. Alma
Imitação: cf. Sub/supralunar
Indivíduo: cf. Gênero-espécie
Indução: cf. Dialética, Princípio
Intelecto: cf. Alma
Monstros: cf. Acaso
Movimento: cf. Mudança
Termo médio: cf. Silogismo
Número: cf. Infinito, Matemática
Opinião: cf. Dialética, Silogismo
Física: cf. Natureza
Prazer: cf. Bem, Ética, Retórica, Virtude
Primeiro motor: cf. Ato, Mudança
Privação: cf. Forma, Matéria, Princípio
Produção: cf. Prudência, Ciência
Qualidade: cf. Categoria, Mudança, Matéria
Espontaneidade: cf. Acaso
Vão (vã): cf. Fim, Acaso
Vácuo: cf. Universo